Herderbücherei

Band 1056

Über das Buch

Friedrich Nietzsche zählt zu den unerbittlichsten Religionskritikern der Neuzeit. Mit zunehmender Heftigkeit hat er dem Christentum den „Todkrieg" erklärt. Er sah sich schon am „Sterbebette des Christentums", als Zeugen eines Schauspiels von hundert Akten, an dessen Ende für ihn die Überwindung des Gottesglaubens durch den Übermenschen steht. Zugleich rechnete er die „Fortdauer des christlichen Ideals ... zu den wünschenswertesten Dingen". So einfach wird man also mit Nietzsche nicht fertig. Den Haß gegen die „lebensverneinende Kirche" durchbricht immer wieder eine tiefe Liebe zu Jesus, und der totgesagte Gott, so schreibt er, wird wiederkommen, freilich jenseits von „Gut und Böse". Nietzsche lesen ist für den Christen keine apologetische Pflichtübung, sondern eine Herausforderung zu ehrlicher Selbstprüfung: Ist unser Glaube radikal und glaubwürdig oder nur ein Anhängsel überkommener bürgerlicher Moral? Die Texte, die Eugen Biser hier aus dem Gesamtwerk Nietzsches mit Einschluß der Vorstudien zusammengestellt und eingeleitet hat, sind Anstöße für eine schöpferische und faire Auseinandersetzung mit einem der größten Kritiker des Christentums, der sich wache Christen, gleich welcher Konfession, nicht länger entziehen können.

Über den Autor

Eugen Biser, geboren 1918 in Oberbergen, Theologiestudium in Freiburg, nach langjähriger Tätigkeit als Religionslehrer in Heidelberg seit 1965 Professor für Fundamentaltheologie in Passau und Würzburg, seit 1974 Inhaber des Lehrstuhls für Christliche Weltanschauung und Religionsphilosophie in München.
Verfasser zahlreicher Bücher und Zeitschriftenartikel. Wichtigste Werke: „Gott ist tot" – Nietzsches Destruktion des christlichen Bewußtseins (München 1962); Der Helfer. Eine Vergegenwärtigung Jesu (München 1976); Der Zeuge. Eine Paulus-Befragung (Graz 1981); Der schwere Weg der Gottesfrage (Düsseldorf 1982); Im Herder-Verlag erschienen: Glaubensverständnis. Grundriß einer hermeneutischen Fundamentaltheologie (1980) und „Glaube nur!" (Herderbücherei Bd. 800).

Nietzsche für Christen

Eine Herausforderung

Textauswahl und Einleitung von
Eugen Biser

Herderbücherei

Originalausgabe
erstmals veröffentlicht als Herder-Taschenbuch

Horst Bürkle
in Dankbarkeit
und Freundschaft

Herder Freiburg · Basel · Wien
Herstellung: Freiburger Graphische Betriebe 1983
ISBN 3-451-08056-7

Inhalt

Teil I
Werkbiographie

Teil II
Textauswahl

Vorwort

In München leben meine Antipoden.

(NIETZSCHE, Ecce homo)

Die vorliegende Nietzsche-Auswahl hebt vor allem auf Nietzsches kritische Lektüre des Christentums ab, doch so, daß sie zugleich ein Gesamtbild zu vermitteln sucht. Deshalb wurden auch Texte einbezogen, die sich nicht direkt gegen das Christentum wenden, für das Verständnis von Nietzsches Denken jedoch wichtig oder gar unerläßlich sind. Wie jede Auswahl verfolgt auch diese den Zweck, an das heute in zuverlässigen Ausgaben vorliegende Gesamtwerk Nietzsches heranzuführen. Der Textauswahl ist eine Werkbiographie vorangestellt, die angesichts der engen Verflechtung von Lebens- und Schaffensgeschichte das Werk aus Nietzsches biographischem Entwicklungsgang herzuleiten und so durch den Lebensweg zu beleuchten sucht.

Bei der Titelgestaltung bezog sich die Redaktion der Herderbücherei auf eine Konzeption von Milan Machovec, der sich mit dem Gedanken trug, nach seinem aufsehenerregenden Buch ‚Jesus für Atheisten' (von 1972) ein Gegenstück dazu unter dem Titel ‚Marx für Christen' zu veröffentlichen. Im Sinn seiner wahrhaft ökumenischen Idee, Leitgestalten der Religion, der politischen Theorie und der Philosophie dem jeweils ‚anderen' Lager verständlich zu machen, soll hier den Christen gezeigt werden, was ihnen einer ihrer entschiedensten Gegner im kritischen wie konstruktiven Sinn des Worts ‚zu sagen hat'. Es sind Worte von beispielloser Wucht und Schärfe, aber auch von einer so hohen Einfühlungskraft, daß sie nicht selten zu einer neuen Lektüre des Christentums verhelfen. Deshalb ist umgekehrt auch die Lektüre Nietzsches für Christen lohnend.

München, Januar 1983 *Eugen Biser*

Hinweis:

Die in eckige Klammern gesetzten Ziffern der Werkbiographie verweisen auf besonders wichtige Textstellen, die ebenso gekennzeichnet sind.

Diese Texte sind auf folgenden Seiten zu finden:

[1] S. 58	[15] S. 92	[29] S. 126	[43] S. 146
[2] S. 66	[16] S. 93	[30] S. 132	[44] S. 146
[3] S. 67	[17] S. 95	[31] S. 132	[45] S. 147
[4] S. 68	[18] S. 97	[32] S. 132	[46] S. 149
[5] S. 74	[19] S. 98	[33] S. 134	[47] S. 150
[6] S. 76	[20] S. 100	[34] S. 135	[48] S. 150
[7] S. 76	[21] S. 103	[35] S. 136	[49] S. 150
[8] S. 80	[22] S. 107	[36] S. 137	[50] S. 151
[9] S. 81	[23] S. 113	[37] S. 139	[51] S. 151
[10] S. 82	[24] S. 115	[38] S. 142	[52] S. 152
[11] S. 85	[25] S. 115	[39] S. 143	[53] S. 152
[12] S. 88	[26] S. 120	[40] S. 144	[54] S. 154
[13] S. 90	[27] S. 122	[41] S. 146	[55] S. 155
[14] S. 90	[28] S. 125	[42] S. 146	[56] S. 157

I.
WERKBIOGRAPHIE

Einführung: die Droge

Wenn *Heidegger* der Schock und *Wittgenstein* die Ernüchterung der neueren Philosophie waren, dann ist *Nietzsche* ihre immer stärker nachwirkende Droge. Tatsächlich steht der steile Anstieg, den die Kurve seiner Wirkungsgeschichte in letzter Zeit beschreibt, in einem unübersehbaren Wechselverhältnis zu dem sich vielfältig bekundenden Verlangen nach Bewußtseinserweiterung und alternativischem Leben, wohl auch zu dem neuerwachenden Interesse am Irrationalen und dem dunklen Hang zum Absurden.

In einer Nachlaßaufzeichnung äußert sich Nietzsche auf verblüffende Weise so, als habe er diese Fernwirkung von vornherein im Auge gehabt, ja als wisse er darum, daß er durch nichts so sehr wie durch den Exzeß seiner Gedanken und Zielsetzungen wirken werde:

> Der Zauber, der für uns kämpft, das Auge der Venus, das unsere Gegner selbst bestrickt und blind macht, das ist die *Magie des Extrems*, die Verführung, die alles Äußerste übt: wir Immoralisten – wir sind *die Äußersten* …[1]

Daß sich Nietzsche schon früh auf dieser Linie bewegte, zeigt der Lebensrückblick des Neunzehnjährigen, der mit den bezeichnenden Worten ausklingt:

> Und so entwächst der Mensch allem, was ihn einst umschlang; er braucht nicht die Fesseln zu sprengen, sondern unvermutet, wenn ein Gott es gebeut, fallen sie ab; und wo ist der Ring, der ihn endlich noch umfaßt? Ist es die Welt? Ist es Gott? [1].

Im weiteren Verlauf seines Denkwegs fällt die Entscheidung in dieser Alternative eindeutig zugunsten der Welt und gegen Gott. Demgemäß stellt der Verkünder des Gottestodes, der ‚tolle Mensch', jetzt die Frage:

> Wohin ist Gott? Was habt ihr gemacht? Haben wir denn das Meer ausgetrunken? Was war das für ein Schwamm, mit dem wir den ganzen Horizont um uns auslöschten? [7].[2]

Etwa um die gleiche Zeit entsteht das Gedicht ‚Der Wanderer', in dem sich Nietzsche Rechenschaft über seine geistige Situation gibt.

---

[1] *Friedrich Nietzsche*, Werke in drei Bänden (Ausgabe *Karl Schlechta*) III, München 1956, 601.

[2] So der Wortlaut einer Vorstudie zu dem später (S. 25) in der Endfassung mitgeteilten Text.

„Kein Pfad mehr! Abgrund rings und Totenstille!" –
So wolltest du's! Vom Pfade wich dein Wille!
Nun, Wandrer, gilt's! Nun blicke kalt und klar!
Verloren bist du, glaubst du – an Gefahr.

Dann aber gewinnen Neugierde und Wagemut die Oberhand. Unter dem Stichwort: „Was es mit unsrer Heiterkeit auf sich hat" schreibt er in der ‚Fröhlichen Wissenschaft', daß sich die freien Geister bei der Nachricht vom Tod des alten Gottes „wie von einer neuen Morgenröte angestrahlt" fühlten; denn „endlich erscheint uns der Horizont wieder frei ..., endlich dürfen unsere Schiffe wieder auslaufen, auf jede Gefahr hin auslaufen, jedes Wagnis des Erkennenden ist wieder erlaubt, das Meer, *unser* Meer liegt wieder offen da, vielleicht gab es noch niemals ein so ‚offenes Meer'" [11].

Und in konsequenter Fortführung dieses Gedankens berichtet er im Schlußaphorismus desselben Buchs von der wagemutigen Argonautenfahrt, die er, zusammen mit seinen Gesinnungsgefährten, angetreten habe, um in das „Jenseits aller bisherigen Länder und Winkel des Ideals" vorzustoßen, und von dem „anderen Ideal", das ihnen dabei voranlaufe und sie zu ihrem wagemutigen Unternehmen verlocke [14].

Tatsächlich läßt Nietzsche nichts unversucht, sich als Emanzipationsfigur in Szene zu setzen. Seinen ‚Zarathustra' kündet er mit der Bemerkung an, daß an seinem Horizont Gedanken aufgestiegen seien, dergleichen er noch nicht gesehen habe. Nach Vollendung des zunächst dreiteiligen Werks schreibt er seinem Freund *Erwin Rohde*:

Es ist eine Art Abgrund der Zukunft, etwas Schauerliches, namentlich in seiner Glückseligkeit. Es ist alles drin mein eigen, ohne Vorbild, Vergleich, Vorgänger; wer einmal darin gelebt hat, der kommt mit einem andern Gesichte wieder zur Welt zurück.[3]

Und in seinem letzten Lebensrückblick, dem er den vielsagenden Passionstitel ‚Ecce homo' gibt, erklärt er geradezu:

Ich widerspreche, wie nie widersprochen worden ist, und bin trotzdem der Gegensatz eines neinsagenden Geistes. Ich bin ein *froher Botschafter*, wie es keinen gab. Ich kenne Aufgaben von einer Höhe, daß der Begriff dafür bisher gefehlt hat; erst von mir an gibt es wieder Hoffnungen. Mit alledem bin ich notwendig auch der Mensch des Verhängnisses. Denn wenn die Wahrheit mit der Lüge von Jahrtausenden in Kampf tritt, werden wir Erschütterungen haben, einen Krampf von Erdbeben, eine Versetzung von Berg und Tal, wie dergleichen nie geträumt worden ist.[4]

---

[3] Brief vom 22. Februar 1884.
[4] Ecce homo. Warum ich ein Schicksal bin, § 1.

Wenn man dem Rätsel von Nietzsches ständig wachsender Nachwirkung auf die Spur kommen will, wenn man insbesondere zu verstehen sucht, warum diese Nachwirkung noch nicht einmal durch seine Beanspruchung für die nationalsozialistische Ideologie eingedämmt werden konnte, wird man hier, bei dieser „Magie des Extrems", die sein Denken ausübt, ansetzen müssen. So empfand ihn bereits die Studentengeneration am Vorabend des Ersten Weltkriegs, die mit dem ‚Zarathustra' im Tornister bei Langemarck in den Tod rannte, und so wirkt er heute, weil er als der leibhaftige Widerspruch gegen ein Leben in der Enge der Zweckrationalität und des Leistungsdrucks erscheint. Durch den Exzeß, in dem sein Denken fortwährend begriffen ist, wirkt er geradezu als eine Verheißung der Bewußtseinserweiterung, als eine Leitfigur des emanzipatorischen Verhaltens und des alternativen Lebensstils. Darin besteht das Geheimnis seiner immer noch wachsenden Nachwirkung. Doch wie kam es bei ihm, dem Sohn aus einem konservativ und pietistisch gestimmten Pfarrhaus, zu dieser Entwicklung? Darauf kann nur seine Lebensgeschichte antworten.

Kindheit: der kleine Pastor

Für die Ansprache zur Taufe seines Sohnes, der ihm am 15. Oktober 1844, dem Geburtstag des Königs, geboren und nach diesem *Friedrich Wilhelm* genannt worden war, wählte der Pastor *Carl Ludwig Nietzsche* aus Röcken (Sachsen) als Bibelspruch die Frage der lukanischen Kindheitsgeschichte: „Was, meinest du, will aus diesem Kindlein werden?" (Lk 1,66) Wie von trüben Vorahnungen befallen, bemerkte er in seiner Predigt dazu:

> Ach, das ist ja eine Frage, die uns sonst ängstigen könnte, denn was kann Alles aus einem Kindlein werden, Gutes und Böses, Erfreuliches und Betrübendes, da ja das Erdenleben, zu welchem das Kindlein erwacht ist, viel Bürden und Beschwerden, viel Leiden und Gefahren, viel Versuchungen und Versündigungen in seinem Schoße verbirgt ...[5]

Unausgesprochen ließ er dabei freilich, was er sich in seinem Predigt-Manuskript über die möglichen Zukunftswege seines Kindes notiert hatte: „ein unglückliches oder glückliches Kind, ein gottloses oder frommes Kind, eine Freude oder eine Schande für die Eltern, ein Fluch oder ein Segen für die Menschen, ein Kind

---

[5] Nach *Rainer Bohley*, Nietzsches Taufe, in: Nietzsche-Studien IX (1980), 383–406.

der Hölle oder ein Bürger des Himmels!"[6] Doch ungeachtet dieser Schwarz-Weiß-Malerei hätte er es sich nicht in den schlimmsten Angstträumen einfallen lassen, daß die sonst so sanfte Mutter dem Sohn einmal das Fluchwort zuschleudern würde, er bringe Schande über das Grab seines Vaters, und sicher noch viel weniger, daß Nietzsche schließlich die Frage, was er definitiv sein werde, mit dem ungeheuerlichen Satz beantworten würde: „Ich bin, auf griechisch und nicht auf griechisch, der Antichrist ..."[7]

Von diesem Fortgang der Dinge war zunächst freilich nicht das geringste zu spüren. Im Gegenteil; das aufgeweckte Kind, das seinen Altersgenossen gegenüber stets auf Distanz ging, wuchs, wie es schien, organisch in die Vorstellungswelt seines Elternhauses hinein. Auch der frühe Tod des Vaters, der nach Nietzsches eigener Diagnose an ‚Gehirnerweichung' starb und ihm, wie erst später deutlich wurde, traumatisch nachging, änderte daran nichts. Nicht umsonst nannte ihn seine Umgebung, halb anerkennend, halb ironisch, den „kleinen Pastor". Auch in der angesehenen Erziehungsanstalt Schulpforta, in der er seine Gymnasialjahre verbrachte, verhielt er sich eher angepaßt, wenn nicht gar als Musterschüler. Bezeichnend für seine religiöse Entwicklung ist die Bemerkung seines Jugendfreundes *Paul Deussen*, der von der „heiligen, weltentrückten Stimmung" zu berichten weiß, von der die beiden Freunde zur Zeit ihrer Konfirmation erfüllt waren, auch wenn diese dann in den alltäglichen Schulsorgen bald wieder verfiel[8]. Tatsächlich erhielt sich in Nietzsches Nachlaß der ebenso knappe wie erstaunliche Satz: „Als Kind Gott im Glanze gesehn."[9] Wichtigstes Dokument dieser Zeit aber ist das noch ungelenke Jugendgedicht ‚Du hast gerufen', das in dem Bekenntnis gipfelt:

Von Lieb entglommen
strahlt mir so herzlich
schmerzlich
dein Blick ins Herz ein: Herr, ich komme [51].

Doch schon bald danach muß es zu einem inneren Erdrutsch gekommen sein, der das Gebäude seines Kinderglaubens lautlos zum Einsturz brachte. Er rühmt sich, daß er als Atheist in Schulpforta niemals das Tischgebet mitgesprochen habe und daß er

---

[6] A. a. O., 403.
[7] Ecce homo. Warum ich so gute Bücher schreibe, § 2.
[8] Nach *Richard Blunck*, Friedrich Nietzsche. Kindheit und Jugend, München/Basel 1953, 71.
[9] Kritische Studienausgabe (KSA) VIII, 505.

auch nie zu den üblichen Gebetsübungen herangezogen worden sei. Nicht zuletzt dürfte dieser Gesinnungswandel durch seine Lektüre beeinflußt worden sein, so vor allem durch das ‚Leben Jesu' von *David Friedrich Strauß*, der später, in der Zeit der ‚Unzeitgemäßen Betrachtungen', zu einem Vorzugsziel seiner Angriffe werden sollte. In diesem Sinn wirkte sich überdies der Einfluß einiger Lehrer aus, die mit Entschiedenheit die historisch-kritische Methode, eine Spätfrucht der Aufklärung, vertraten. Drastisch dokumentiert diesen Umschwung ein zweites Jugendgedicht mit dem Titel ‚Vor dem Kruzifix', das sich in fast blasphemischen Tönen an den „Steinblock da oben" wendet und ihn auffordert, zu ihm herunter „auf die Erden" zu kommen, auch wenn er sich dafür in den balladenhaft klingenden Schlußstrophen gerichtet und bestraft sieht. Auf einen geistigen Konflikt nach Art von wirklichen Glaubensproblemen lassen diese Äußerungen freilich nicht schließen. Eher gewinnt man den Eindruck, daß es ein innerer Stimmungsumschwung war, der Nietzsche aus dem Gehäuse seiner kindlichen Überzeugungen herausdrängte und ihn zum ‚Freigeist' werden ließ. So muß er es jedenfalls nach Ausweis des berühmtesten seiner Jugendgedichte, ‚Dem unbekannten Gott' betitelt [53], empfunden haben, das aus der Rückschau auf die verlorene Glaubenswelt verfaßt ist und von dem erlittenen Verlust doch eher in schönen als in überzeugenden Wendungen spricht:

> Noch einmal, eh ich weiter ziehe
> und meine Blicke vorwärts sende,
> heb' ich vereinsamt meine Hände
> zu dir empor, zu dem ich fliehe,
> dem ich in tiefster Herzenstiefe
> Altäre feierlich geweiht,
> daß allezeit
> mich deine Stimme wieder riefe.

Die Karriere: der Basler Professor

So hatte es sich denn definitiv entschieden, daß ihn, mit dem frühen Lebensrückblick gesprochen, nicht mehr der ‚Ring' des Gottesglaubens, sondern nur noch der Umkreis der welthaften Gegebenheiten umschloß [1]. Das mußte sich auch auf die Berufsentscheidung des jungen Nietzsche auswirken. Zwar hatte er, dem Drängen des Elternhauses nachgebend, zunächst das Theologiestudium an der Universität Bonn aufgenommen, obwohl er sich selbst die Forderung stellte: „Nicht Familienherkommen (Theologie) erliegen!" Doch machte er schon bald keinen Hehl mehr daraus, daß ihn nur der philologische Aspekt der von ihm gewählten Studienfächer wirklich interessierte. So ergriff er dann auch die erste Gelegenheit, um von der Theologie zur klassischen Philologie überzuwechseln, nicht zuletzt unter dem Eindruck des Altphilologen *Friedrich Ritschl*, der schon bald auf den vielversprechenden Studenten aufmerksam wurde. Die Talentprobe, die dieser mit einer Arbeit über die Quellen des Diogenes Laertius ablegte, schien Ritschls Erwartungen vollauf zu erfüllen. Ihm folgte Nietzsche dann auch im Sommer 1865 nach Leipzig, ein Entschluß, den er der Familie durch die Begründung schmackhaft machte, daß er der allzu katholischen Atmosphäre in Bonn zu entgehen suche. Für Nietzsche beginnt damit eine Zeit vielseitiger Anregungen, geistiger Selbsterprobung, aber auch verhängnisvoller Verstrickungen. Zum entscheidenden Bildungserlebnis gerät ihm die Lektüre *Schopenhauers*, von größter Tragweite wird für ihn die Berührung mit der Musik *Richard Wagners*; doch läßt eine antisyphilitische Behandlung darauf schließen, daß er sich zu dieser Zeit auch die Todeskrankheit zuzog, die ihn, nachdem er ihr in einem Kraftakt ohnegleichen bis Ende 1888 widerstand, in eine fast zwölfjährige Umnachtung stürzen sollte. Begreiflich, daß klare Auskünfte über diesen Vorgang fehlen, ausgenommen eine offensichtlich in großer Erregung hingeworfene Notiz des jungen Nietzsche, in der er gesteht:

> Was ich fürchte, ist nicht die schreckliche Gestalt hinter meinem Stuhl, sondern ihre Stimme: auch nicht die Worte, sondern der schauderhaft unmenschliche Ton jener Gestalt. Ja, wenn sie noch redete, wie Menschen reden![10]

Zunächst aber nimmt die wissenschaftliche Laufbahn Nietzsches einen so steilen Anstieg, daß der Begriff ‚Traumkarriere' nicht zu hoch gegriffen ist. Noch bevor das Promotionsverfahren abgeschlossen ist, wird der junge Wissenschaftler auf Empfehlung Ritschls auf den Lehrstuhl für klassische Philologie an der Universität Basel berufen, wo er einen Kreis angesehener Gelehrter vorfand, darunter *Jacob Burckhardt, Rudolf Eucken* und *Franz Overbeck*, der ihm schon bald zum verläßlichen Freund und

---

[10] *Richard Blunck*, Friedrich Nietzsche, 217. Bedenklich ist indessen die im Stil eines Schlüsselromans gehaltene Behandlung, die *Thomas Mann* der Lebensgeschichte Nietzsches in seinem Roman ‚Doktor Faustus' angedeihen läßt, da sie die Genialität zu einseitig, als bloße Kompensation der Krankheit, deutet.

ebenso kritischen wie anregenden Gesprächspartner wurde. Lebensgeschichtlich wichtiger als die Professur, die er zwar pflichteifrig, aber ohne Begeisterung und mit nur mäßigem Erfolg wahrnahm, gestaltete sich für ihn die – brüchige – Freundschaft mit Wagner. Obwohl sich die Beziehung zu ihm und seinem Haus schon bald kompliziert und zu einer distanzierten ‚Sternenfreundschaft' gestaltet [8], gewinnt Nietzsche durch sie doch den Anstoß zu der ersten, ganz von seiner Individualität geprägten Schrift, der ‚Geburt der Tragödie aus dem Geiste der Musik' (von 1872), die ihm im Kreis der Wagner-Verehrer zwar einiges Ansehen, dafür aber auch die vernichtende Kritik Ritschls und seiner Schüler einbringt.

Zur bloßen Episode gerät seine Teilnahme am deutsch-französischen Krieg, zu dem er sich als Sanitäts-Freiwilliger meldet, von dem ihm aber – außer den Folgen eines Reiterunfalls – nur „düstere Erinnerungen, insbesondere an das Schlachtfeld von Wörth" bleiben. Zunehmend düster gestaltet sich auch seine gesundheitliche Situation. Obwohl als Universitätslehrer und Referent in öffentlichen Vorträgen hochgeschätzt, zwingen ihn fortwährende Magen- und Sehstörungen zunächst dazu, die Vorlesungstätigkeit zu unterbrechen oder einzuschränken, bis er sich schließlich im Mai 1879 genötigt sieht, in aller Form um seine Entlassung einzukommen. Das brachte zwar das vorzeitige Ende der akademischen ‚Traumkarriere', auf die er noch in den letzten Aufzeichnungen mit Stolz zurückblickte, dafür aber auch den uneingeschränkten Spielraum des ‚freien Schriftstellers', der sich nun ganz, wenngleich unter sehr eingeschränkten wirtschaftlichen Bedingungen, seinem literarischen Werk widmen konnte. Wie sehr sein Herz, trotz aller Rückschläge, an dieser Zeitspanne hing, zeigt der Brief des Umnachteten an Burckhardt, der mit den Sätzen beginnt:

> Zuletzt wäre ich sehr viel lieber Basler Professor als Gott; aber ich habe es nicht gewagt, meinen Privat-Egoismus so weit zu treiben, um seinetwegen die Schaffung der Welt zu unterlassen. Sie sehen, man muß Opfer bringen, wie und wo man lebt[11].

[11] Brief vom 6. Januar 1889.

Krise und Wende: der Wanderer

Frucht des durch die Niederlegung der Professur gewonnenen Freiraums war Nietzsches Durchbruch zur ‚Generalperspektive' seiner Seh- und Denkweise *(Schlechta)*[12]. Nachdem er schon in den ‚Unzeitgemäßen Betrachtungen' eine Abkehr von der schwärmerisch-dionysischen Position der ‚Geburt der Tragödie' vollzogen hatte, bekennt er sich nunmehr offen zu einer radikal kritisch-nihilistischen Sicht der Dinge. Gleichzeitig steigert er sich in der Wahl der von ihm in Frage gestellten Gegenstände. Stand am Anfang seines kritischen Wegs die Bildungskritik, so geht er jetzt offen zur Wissenschafts- und Kulturkritik über, um sein kritisches Werk schließlich durch seinen Angriff auf die abendländische Moral, die Religion und insbesondere auf das Christentum zu krönen.

Im selben Maß verschärft sich aber auch der Stil seiner Kritik. Verfährt er zunächst in der Hauptsache analytisch, indem er Schwachstellen aufspürt und schwankende Konstruktionen umstößt, so dringt er jetzt ins Zentrum der angegriffenen Positionen ein, um sie von ihrer Mitte her zum Einsturz zu bringen. Das bringt es mit sich, daß sein Kampf wiederholt, mit *Jaspers* gesprochen, in eine regelrechte Identifikation mit dem Gegner umschlägt, so daß er nicht selten zu einer Einfühlung in die Sache gelangt, wie sie auf affirmativem Weg kaum zu gewinnen ist. Von Anfang an hatte sich Nietzsche als Diagnostiker seiner Zeit verstanden. Jetzt aber fühlt er sich geradezu von einem ‚Wahrsagevogel-Geist' erfüllt, der ihn so weit über den Horizont der Gegenwart hinausträgt, daß er zurückblicken muß, „wenn er erzählt, was kommen wird" [44]. Was er dabei erblickt, ist „die Heraufkunft des Nihilismus", der wie ein sich unruhig, ja gewaltsam überstürzender Strom alle Kulturgestalten erfaßte und nunmehr im Begriff steht, aus dem unvollständigen Stadium, in dem er sich bisher befand, in das vollkommene überzugehen.

So sieht Nietzsche hinter und in dem „glitzernden Phantom" Kultur die „große Öde" der ausgehöhlten, entwerteten und zertrümmerten Ideale. Da in dieser Öde nichts mehr zu Rast und Aufenthalt einlädt, bleibt nur die Existenzform des ‚Wanderers', mit der Nietzsche auf einen Typus zurückgreift, der schon von der Romantik, insbesondere von *Schubert* durchgespielt worden war. Ihren literarischen Niederschlag findet diese Denkweise in

---

[12] *Karl Schlechta,* Nietzsche-Chronik, München 1975, 40.

‚Menschliches, Allzumenschliches' (von 1880), einem Werk, von dem er sagt, daß zwischen ihm und den ‚Unzeitgemäßen Betrachtungen' eine „Krisis und Häutung" liege[13]. Dem entspricht ebenso das zu Beginn des Werks aufgestellte Programm der radikalen Ablösung wie seine Grundthese, die Menschheit besitze „im Ganzen keine Ziele", so daß der einzelne in ihrer Geschichte weder Halt noch Trost, sondern allenfalls „seine Verzweiflung" finde (I, § 33). Deshalb gibt es auch keine Wahrheit; vielmehr war es der Irrtum, der den Menschen so tief, zart und erfinderisch gemacht hat, daß er derart herrliche Blüten wie die Religion und Kunst hervorzutreiben vermochte.

So kann es dann auch nicht verwundern, daß man gerade in dieser Schrift auf den ersten Versuch stößt, das Christentum mit seinen eigenen Mitteln zu schlagen. Das geschieht in der Parabel ‚Die Gefangenen', die im Stil eines – freilich nicht sonderlich geglückten – Gleichnisses von einer Szene im Gefängnishof erzählt, bei der sich einer der Gefangenen mit der Behauptung hervortut, er könne die in ein Komplott verstrickten Gefährten dann vor schlimmen Repressalien des Gefängniswärters bewahren, wenn sie ihm abnehmen, daß er in Wirklichkeit sein Sohn sei [4]. Ihm widerspricht der ‚letzte der Gefangenen' mit der Behauptung, daß im Gegenteil nichts befürchtet zu werden brauche, weil der Gefängniswärter „eben plötzlich gestorben" sei. Doch sein Kontrahent bleibt, unbeeindruckt, bei seinem Standpunkt und erneuert sein Angebot. Die Gefangenen reagieren resignativ; sie „lachten nicht, zuckten aber mit den Achseln und ließen ihn stehen" (II/2, § 84). Die Bedeutung dieser allzu durchsichtigen Allegorie auf die christliche Erlösungslehre besteht hauptsächlich darin, daß Nietzsche mit ihr erstmals das Motiv des Gottestodes voll intoniert. Bezeichnend für die offene Christentumskritik, die damit einsetzt, ist auch die im Anschluß daran vorgetragene These, daß Paulus mit der von *Calvin* nachgedachten Lehre von der Vorherbestimmung Unzähliger zur Verdammnis geblieben sei, was er war: „der Verfolger Gottes" (II/2, § 85).

Es konnte nicht ausbleiben, daß die „große Loslösung", die sich nach Auskunft der Vorrede in ‚Menschliches, Allzumenschliches' vollzieht, von einem tiefgreifenden Stimmungsumschwung begleitet war [2]. Der Weg, auf dem der Wanderer die Wüste der zertrümmerten Ideale durchmißt, führt folgerichtig in immer tiefere Einsamkeit. Begleiter ist ihm nur noch sein Schmerz, der ihm wie

---

[13] Brief an *Georg Brandes* vom Februar 1888.

ein Hund nachläuft und nicht von seiner Seite weicht[14]. Begreiflich auch, daß sich dem Griechenkenner Nietzsche diese durch wachsende Einsamkeit und Resignation gekennzeichnete Verfassung schließlich im mythischen Bild von der ‚Hadesfahrt' darstellt, die ihn wie Odysseus in die Unterwelt der abgeschiedenen Geister führt, mit denen er sich, fernab von allen Lebenden, allein noch zu verständigen vermag:

> Mit diesen muß ich mich auseinandersetzen, wenn ich lange allein gewandert bin, von ihnen will ich mir recht und unrecht geben lassen, ihnen will ich zuhören, wenn sie sich dabei selber untereinander recht und unrecht geben [3].

Das mythische Bild läßt auf eine tiefe Lebenskrise schließen. Tatsächlich fühlte sich Nietzsche um diese Zeit, nicht zuletzt in Erinnerung an den frühen Tod des Vaters, wie er dem ihm zum unentbehrlichen ‚Schreiber-Freund' gewordenen *Peter Gast* im Herbst 1879 gesteht, so „vom Tod umgeben", daß er ihn stündlich fassen könne. Er habe gerade jetzt, wie man sich früher auszudrükken pflegte, die „Mitte des Lebens" erreicht, in der auch *Dante* die große Jenseits-Vision gehabt habe. Doch tröste er sich inmitten dieser Todesahnungen mit der Überzeugung, sein Lebenswerk getan zu haben. Ein „guter Tropfen Öles" sei durch ihn ausgegossen worden; und das werde ihm die Menschheit nie vergessen[15]. Sosehr er damit recht behielt, konnte er doch nicht ahnen, daß er in Wirklichkeit erst den Grundstein zu seinem Lebenswerk gelegt hatte, und daß sein weiterer Lebensweg durch noch weit dunklere Schattenzonen hindurchführen sollte.

Die Enttäuschung: der vermeintliche Engel

Daß sich Nietzsche relativ rasch aus diesem Stimmungstief erhob, zeigt das an eine biblische Wendung anklingende Briefwort an die Schwester: „Du meinst, es handele sich um ein Buch? Hältst auch Du mich immer noch für einen Schriftsteller? Meine Stunde ist da."[16] Gemeint ist mit diesem Buch die ‚Morgenröte' (von 1881),

---

[14] Die fröhliche Wissenschaft IV, § 312.

[15] Brief vom 11. September 1879. Dazu auch die Bemerkung S. 50, Anm. 102. Der Name, mit dem Nietzsche den Adressaten *Heinrich von Köselitz* belegte, ergibt sich aus Anspielungen auf den Jesusjünger Petrus und auf Zarathustra, den „Gast der Gäste" [56].

[16] Brief vom 19. Juni 1881.

mit der Nietzsche, wie er es in seinem späten Lebensrückblick sieht, nicht nur den „Feldzug gegen die Moral" eröffnete, sondern auch den entscheidenden Schritt zur Lösung seiner Hauptaufgabe tat, „einen Augenblick höchster Selbstbesinnung der Menschheit vorzubereiten, einen *großen Mittag*, wo sie zurückschaut und hinausschaut, wo sie aus der Herrschaft des Zufalls und der Priester heraustritt und die Frage des warum? wozu? zum ersten Male als *Ganzes* stellt"[17]. Wenig später gibt er auch zu verstehen, was ihm zum Aufschwung verholfen hatte:

> Noch lebe ich, noch denke ich: ich muß noch leben, denn ich muß noch denken ... ich will immer mehr lernen, das Notwendige an den Dingen als das Schöne sehen: – so werde ich einer von denen sein, welche die Dinge schön machen. Amor fati: das sei von nun an meine Liebe! [8][18]

Wie Faust sich vornimmt, in dem Nichts, zu dem ihn Mephisto überredet, „das Sein" zu suchen, gewinnt Nietzsche im Sog des Nihilismus durch den ihm schon von früher her bekannten Gedanken einer blind-vertrauenden Schicksalsbejahung neuen Stand und Halt. Wie sehr er dessen bedürftig war, sollte gerade das inzwischen begonnene Jahr (1882) zeigen, auf das er sich so hochgemut eingestimmt hatte, weil er von ihm insgeheim die große Lebenswende erwartete. Nachdem die Verbindung mit *Wagner* so kläglich zerbrochen war, brachte es ihm auch tatsächlich die Verheißung neuer Freundschaft, diesmal mit einer ihm erstaunlich geistesverwandten jungen Frau, der russischen Generalstochter *Lou Salomé*, mit der ihn die Frauenrechtlerin *Malwida von Meysenbug* zusammengebracht hatte. Daß sie als Ort der Begegnung ausgerechnet den Petersdom gewählt hatte, gibt der Episode eine besonders pikante Note.

Nietzsche war für die hochbegabte Russin, die später auch im Leben *Rilkes* und *Freuds* eine zentrale Rolle spielen sollte und als – fatales – Modell sogar hinter *Alban Bergs* Oper ‚Lulu' steht, alsbald Feuer und Flamme. Vor allem aber fand er in ihr erstmals einen Gesprächspartner, der kühn wie ein ‚Adler' auf seine Gedanken einging und ihn ebenso in seinen Ansichten bestätigte wie zu neuen Ideen anregte. Aufzeichnungen, in denen er aphoristische Texte Lous durch ergänzende Zusätze verbesserte, dokumentieren den Grad der Geistesverwandtschaft und gegenseitigen Förderung. Der von Lou gedichtete ‚Hymnus auf das Leben' wurde von Nietz-

---

[17] Ecce homo. Warum ich so gute Bücher schreibe: Morgenröte, § 1f.
[18] Die fröhliche Wissenschaft IV, § 276.

sche sogar vertont, und dies mit der ausdrücklichen Verfügung, daß diese Komposition bei seinem Begräbnis aufgeführt werden solle. Kein Wunder, daß er sich eine Zeitlang der Meinung hingab, daß ihm in Lou ein ‚Engel' zugeschickt worden sei; doch widersprach er dem alsbald mit dem resignierenden Satz: „Inzwischen war es kein Engel."[19] Und es dauerte nicht lange, bis sich das Bild des Engels vollends in sein Gegenteil verkehrte. Lou, so ereiferte er sich jetzt, sei ein Verhängnis, „dieses dürre schmutzige übelriechende Äffchen, mit ihren falschen Brüsten – ein Verhängnis!"[20] Jahrzehnte später kam es dann dazu, daß Lou dieser gehässigen Äußerung mit einem nachsichtigen Lächeln zustimmte, als sie sich, krebskrank geworden, einer Brustoperation hatte unterziehen müssen[21].

Zu diesem jähen Umschwung kam es hauptsächlich aus zwei Gründen. Einmal stand Lou gleichzeitig in einer Freundschaftsbeziehung zu dem Moralpsychologen und späteren Armenarzt *Paul Rée,* zu dem sie sich menschlich stärker hingezogen fühlte als zu Nietzsche. Sodann versetzte dessen Zuneigung zu dem ebenso geistvollen wie attraktiven Mädchen Nietzsches Schwester *Elisabeth* in rasende Eifersucht. Was sie dabei am stärksten aufbrachte, war eine Photographie, auf der sich Nietzsche, zusammen mit Rée vor einen zweirädrigen Karren mit der peitschenschwingenden Lou spannte. Die Labilität von Nietzsches Gefühlen spricht dann allerdings aus der Umsetzung, die diese Szene in seinem Werk erfuhr. Hatte er bei der Aufnahme noch eigens dafür gesorgt, daß Lous Peitsche mit einem kleinen Blumenstrauß versehen wurde, so erteilt er in seinem ‚Zarathustra' durch den Mund des alten Weibleins den Rat: „Du gehst zu Frauen? Vergiß die Peitsche nicht!"[22] Daß sich aber auch Lou dem von ihr bewunderten Philosophen so rasch entfremdete, hing nicht zuletzt mit ihrem Eindruck zusammen, daß man zu Nietzsche kein wirkliches Vertrauen haben könne, weil er mit seinen „achtfachen Motivierungen" jede Vertrauensbasis zerstöre[23]. Das hinderte sie freilich nicht, nach Nietzsches Zusammenbruch das auf Jahrzehnte hin-

---

[19] An *Overbeck*; nach *Erich F. Podach,* Friedrich Nietzsche und Lou Salomé. Ihre Begegnung 1882, Zürich 1938, 158.

[20] Briefentwurf an *Georg Rée* (Ende Juli 1883).

[21] Nach einer persönlichen Mitteilung Lous an ihren Biographen *H. F. Peters* (Originaltitel: My Sister, My Spouse; ins Deutsche übersetzt unter dem Titel: Lou Andreas-Salomé. Das Leben einer außergewöhnlichen Frau), München 1964, 374.

[22] Zarathustra I, Von alten und jungen Weiblein.

[23] *Lou Andreas-Salomé,* Lebensrückblick, Frankfurt/M. 1974, 246.

aus beste, durch außergewöhnliche Einfühlungskraft gekennzeichnete Nietzsche-Buch zu schreiben, das die Gestalt des Philosophen aus seinen Werken erhebt[24].

Von Enttäuschung und Selbstvorwürfen gequält, verfiel Nietzsche in die tiefste Krise seines Lebens, die ihn nach seinem ausdrücklichen Geständnis an den Rand des Selbstmords trieb. Anstatt zu einer Verzweiflungstat kam es jedoch zu einem neuerlichen Aufschwung, verbunden mit einer machtvollen Entladung seiner kreativen Kräfte. Der Mann, für den soeben noch ein Pistolenlauf die „Quelle relativ angenehmer Gedanken" gewesen war, erhob sich zu dem Entschluß, „dem menschlichen Dasein etwas von seinem herzzerbrecherischen und grausamen Charakter" zu nehmen[25]. Das konnte seiner tiefsten Überzeugung nach nur auf zwei völlig entgegengesetzten Wegen geschehen. Zum einen galt es, die Menschheit von der Herrschaft des christlichen ‚Maximal-Gottes' zu befreien; zum andern kam es darauf an, anstelle der damit verworfenen Wertsetzungen „neue Tafeln" aufzurichten. Diese Doppelstrategie führte dazu, daß aus der Gedankenmasse, die sich im Lauf der desperaten Monate aufgehäuft hatte, zwei ganz unterschiedliche Werke hervorgingen: die geistvolle und stilistisch feingeschliffene ‚Fröhliche Wissenschaft' und der im Stil einer „antichristlichen Bergpredigt" gehaltene ‚Zarathustra' *(Löwith).* Mit diesen Werken erreicht auch Nietzsches Auseinandersetzung mit dem Christentum ihren selbst das Spätwerk überragenden Höhepunkt.

Der Angriff: Gottes Tod

Im Grund steht es schon für den Verfasser der ‚Fröhlichen Wissenschaft' (von 1882) fest, daß dem Christentum nur auf dem Weg eines von zwei Seiten her gleichzeitig geführten Zangenangriffs beizukommen ist. Es muß in seiner ‚Genealogie' erfaßt und damit auf jene Elemente hin durchsichtig gemacht werden, die den Keim der Vernichtung in sich tragen. Gleichzeitig aber muß das Systemgebäude der christlichen Wahrheit aufgebrochen und durch einen möglichst zentralen Stoß zum Einsturz gebracht werden. Da der

---

24 *Lou Salomé,* Friedrich Nietzsche in seinen Werken, Wien 1894; nähere Angaben dazu in ihrem ‚Lebensrückblick', a. a. O., 246 f.

25 Briefe an *Overbeck* vom 11. Februar 1883 und an *Heinrich von Stein* (Anfang Dezember 1882).

Verfasser der ‚Fröhlichen Wissenschaft' im Christentum vor allem den in Jahrhunderten gewachsenen „letzten Römerbau" erblickt, ist sein Angriffswille zunächst auf diese zweite Strategie gerichtet [12][26]. Im ‚Antichrist', seiner letzten und schärfsten Attacke auf das Christentum, bringt er diese Strategie auf die ebenso einfache wie aggressive Formel:

> Ein Begriff hier weg, eine einzige Realität an dessen Stelle – und das ganze Christentum rollt ins Nichts![27]

Der das ganze christliche System verklammernde Zentralbegriff ist für Nietzsche aber eindeutig der Gottesbegriff, der deshalb um jeden Preis aus dem Römerbau der Dogmen und Institutionen herausgebrochen werden muß. Denn die christliche Moral könnte nicht wie das Damoklesschwert eines „kategorischen Imperativs" über der Menschheit hängen, wenn sie nicht in Gott ihre letzte Sanktion, ihren „kategorischen Imperator" hätte. In der Idee eines alles leitenden und überschauenden Gottes ist der „größte Einwand gegen das Sein" zur Weltherrschaft gelangt. Diese Herrschaft muß gebrochen werden.

Der erste Schritt dazu besteht in der – von *Feuerbach* übernommenen – Einsicht, daß die Machtfülle Gottes aus Akten menschlicher Selbstverarmung hervorging. Weil es der Menschheit an Mut zu sich selbst gebrach, trat sie ihre höchsten und heiligsten Attribute an die Fiktion eines über ihr stehenden Gottes ab. Deshalb ist alles daran gelegen, diese Attribute wieder für ihren ursprünglichen Besitzer zu reklamieren, und das besagt, sie für die Menschheit zurückzugewinnen. Die ‚Sünde' der Selbstverarmung muß durch die ‚Tugend' der Selbstaufsteigerung wettgemacht werden. Denn es gibt einer Nachlaß-Notiz zufolge keine schönere Apologie des Menschen als das Vorhaben, „all die Schönheit und Erhabenheit", die er an die „eingebildeten Dinge" ausgeliehen hatte, für ihn „als sein Eigentum und Erzeugnis" zurückzufordern [41]. Tatsächlich versteht es Nietzsche als sein zentrales Programmziel, der Menschheit zu ihrem an Gott abgetretenen Reichtum wieder zu verhelfen. Am eindringlichsten formulierte er dieses Ziel in dem Aphorismus ‚Excelsior!', der zunächst die ‚Entsagung' beschwört, die der sich Gott verweigernde Mensch auf sich nimmt, dann aber in seinem Schlußbild deutlich macht, daß der Mensch nur auf dem Weg dieses scheinbaren Verzichts zu seiner vollen

---

[26] Die fröhliche Wissenschaft V, § 358.
[27] Der Antichrist, § 39.

Größe gelangt [10]. Schon im Nachlaß hatte Nietzsche gefragt: „Aber wohin fließen denn zuletzt alle Flüsse des Großen und Größten am Menschen? Gibt es für sie allein keinen Ozean?" Und er hatte darauf geantwortet: „Sei dieser Ozean: so gibt es einen."[28] Jetzt schließt er seine Aufforderung zum Gottes-Verzicht mit dem Bild:

> Es gibt einen See, der es sich eines Tages versagte, abzufließen und einen Damm dort aufwarf, wo er bisher abfloß: seitdem steigt dieser See immer höher.

Und er entschlüsselt dieses Bild mit dem Satz: „vielleicht wird der Mensch von da an immer höher steigen, wo er nicht mehr in einen Gott *ausfließt*"[29]. Doch setzt Nietzsche die Gottesleugnung nicht nur nach Art eines an die Menschheit gerichteten Postulats voraus; er geht auch davon aus, daß sich der Gottesglaube im Grunde längst überlebt hat und allenfalls noch wider besseres Wissen festgehalten wird. Doch besteht gerade darin eine unerwartet große Schwierigkeit. Denn von nichts ist der Mensch so schwer abzubringen wie von seinen Vorurteilen. In diesem Interesse ruft er schon in der ‚Morgenröte' die „vielleicht zehn bis zwanzig Millionen Menschen unter den verschiedenen Völkern Europas, welche nicht mehr an Gott glauben", dazu auf, einander „ein Zeichen" der Verständigung und Präsenz zu geben [5][30].

Die entscheidende Anstrengung aber unternimmt er in diesem Zusammenhang mit dem Aphorismus ‚Der tolle Mensch' [7]. Wenn er seinen Studienfreund *Carl von Gersdorff* im Blick auf seinen ‚Zarathustra' davor warnt, sich durch die „legendenhafte Art dieses Büchleins" täuschen zu lassen, daß sich hinter seinen schlichten und seltsamen Worten „tiefster Ernst" und seine „ganze Philosophie" verberge, so gilt diese Warnung bereits hier[31]. Denn die Gleichnissprache des Textes ist nicht nur in der Überzeugung gewählt, daß das Christentum am besten mit seinen eigenen Waffen geschlagen werden könne; sie verrät zugleich eine erstaunliche Einfühlung in Sinn und Wirkweise der Gleichnisse Jesu. Ja man kann sagen, daß in der langen Geschichte der meist mißlungenen Versuche, eine Bildgeschichte nach dem Modell der Gleichnisse Jesu zu erzählen, Nietzsche der erste ist, dem dieser

[28] Nachlaß (Die Unschuld des Werdens II) § 932.
[29] Die fröhliche Wissenschaft IV, § 285.
[30] Morgenröte I, § 96.
[31] Brief vom 28. Juni 1883.

Versuch überzeugend gelang[32]. Das kommt nicht zuletzt darin zum Vorschein, daß sich der Nietzsche-Text am besten unter der Voraussetzung erschließt, daß man ihn als ein in seinen Gegensinn verkehrtes Gleichnis liest. Denn wie die Gleichnisse Jesu darauf ausgehen, die Hörer zur Sinnesumkehr zu bewegen, zielt der tolle Mensch, der am hellen Vormittag, mit einer Laterne in der Hand, die gottlosen Marktsteher durch seinen Ruf „Ich suche Gott!" verunsichert, darauf ab, die Adressaten seiner bohrenden Fragen zum Bewußtsein der Ungeheuerlichkeit – und Folgenschwere – des von ihnen verübten, aber nicht von ferne begriffenen Gottesmordes zu führen. Und wie die Gleichnisse Jesu die Sinnesumkehr nur zu dem Zweck betreiben, den Hörern ein Vorgefühl des ihnen verkündeten Gottesreichs zu vermitteln, stellt auch der tolle Mensch seinen Adressaten in Aussicht:

> Es gab nie eine größere Tat – und wer nur immer nach uns geboren wird, gehört um dieser Tat willen in eine höhere Geschichte, als alle Geschichte bisher war![33]

Den Weg zu dieser Einsicht bahnt er seinen Zuhörern dadurch, daß er ihnen durch eine ganze Kaskade von Fragen die ungeheure ‚Veränderung' deutlich macht, die der von ihnen verübte Gottesmord nach sich zog:

> Wie vermochten wir das Meer auszutrinken? Wer gab uns den Schwamm, um den ganzen Horizont wegzuwischen! Was taten wir, als wir diese Erde von ihrer Sonne losketteten? Wohin bewegt sie sich nun? Wohin bewegen wir uns? Fort von allen Sonnen? Stürzen wir nicht fortwährend? Und rückwärts, seitwärts, vorwärts, nach allen Seiten? Gibt es noch ein Oben und ein Unten? Irren wir nicht wie durch ein unendliches Nichts? Haucht uns nicht der leere Raum an? Ist es nicht kälter geworden? Kommt nicht immerfort die Nacht und mehr Nacht? Müssen nicht Laternen am Vormittage angezündet werden? Hören wir noch nichts von dem Lärm der Totengräber, welche Gott begraben? Riechen wir noch nichts von der göttlichen Verwesung? – Auch Götter verwesen! Gott ist tot! Gott bleibt tot! Und wir haben ihn getötet!

Ein Blick in die – bis auf den ersten Einfall rekonstruierbare – Entstehungsgeschichte dieses Textes lehrt, daß das Bild der von ih-

---

[32] Indessen scheiterte auch er, wie bereits angedeutet, beim ersten Anlauf in Gestalt der Erzählung ‚Die Gefangenen' [4]. Es sei nicht verschwiegen, daß für mich selbst umgekehrt die Beschäftigung mit der Gleichniserzählung vom tollen Menschen zum Schlüssel für die Welt der Gleichnisse wurde; dazu meine Schrift ‚Die Gleichnisse Jesu' (München 1965) und die Erörterung der Gleichnissprache Jesu in meiner Theologischen Sprachtheorie und Hermeneutik, München 1970.

[33] Die fröhliche Wissenschaft III, § 125.

rer Sonne losgeketteten Erde von Nietzsche buchstäblich erst in letzter Stunde, beim Diktat des Druckmanuskripts, eingefügt wurde, während vorher von der „ewig festen Linie“ die Rede war, die mit dem Tod Gottes verschwunden sei. Das aber ist eindeutig eine Fortführung des Bildgedankens von dem weggewischten Horizont, der sich dadurch als formbestimmend erweist. Mit ihm knüpfte Nietzsche, auch wenn das nirgendwo ausdrücklich wird[34], an die große Tradition der spekulativen Gotteslehre an, konkret gesprochen an die Tradition, die sich mit dem ‚ontologischen Gottesbeweis‘ verbindet. An diese Tradition sah er sich durch zwei Umstände verwiesen. Einmal durch das Begriffsbild von der „ewig festen Linie“, das auf *Tertullian von Karthago* zurückgeht und ihm durch das Studium des Kirchenschriftstellers *Arnobius* bekannt geworden war[35]. Sodann – und vor allem – durch seine Quelle. Denn zu den Überraschungen, die der scheinbar aus einer glücklichen Eingebung hervorgegangene Aphorismus bereithält, gehört außer der Tatsache, daß er einen komplizierten Entstehungsprozeß durchlief, auch die andere, daß er sich an einem – von Nietzsche sorgfältig verheimlichten – Modell orientiert.

Es handelt sich, wie schon der französische Theologe *Henri de Lubac* erkannte, um *Heinrich Heines* ironischen Bericht über *Kants* Kritik der Gottesbeweise, die er in seinem geist- und spottsprühenden Essay ‚Zur Geschichte der Religion und Philosophie in Deutschland‘ (von 1835) erstattet. An der Zentralstelle seines Referats spricht er davon, daß Kant unter den himmlischen Leibgarden Gottes, den Gottesbeweisen also, ein schreckliches Massaker angerichtet habe, daß er die gesamte Besatzung über die Klinge springen ließ, und daß der Oberherr der Welt seitdem unbewiesen in seinem Blute liege. Doch fügt er dem die erstaunliche Behauptung hinzu, daß diesem Blutbad gerade der wichtigste Beweis, der ontologische, der über *Descartes* und *Anselm von Canterbury* bis auf *Augustinus* zurückgeführt werden könne, unbeschädigt

---

[34] Unter den Resten von Nietzsches Bibliothek, die im Stadthaus von Weimar untergebracht ist, findet sich auch die von Nietzsche sorgfältig durchstudierte Ausgabe ‚Des Afrikaner's Arnobius sieben Bücher wider die Heiden. Aus dem Lateinischen übersetzt und erläutert von Franz Anton von Besnard‘, in der er die erwähnte Tertullian-Stelle angestrichen hatte.

[35] Eine ironische Anknüpfung liegt allenfalls in dem ‚Leierlied‘ vor, das Zarathustras Tiere zu seiner Aufmunterung anstimmen: „In jedem Nu beginnt das Sein; um jedes Hier rollt die Kugel Dort. Krumm ist der Pfad der Ewigkeit“ (Zarathustra III, Der Genesende, § 2).

entronnen sei. Das aber kam der Feststellung gleich, daß Kant trotz allen spekulativen Scharfsinns nur halbe Arbeit geleistet habe.

Wenn je einmal, mußte sich Nietzsche durch diese These herausgefordert fühlen. Denn sie behauptete, daß gerade der wichtigste Pfeiler des Gottesglaubens den von ihm registrierten Verfall des Christentums überstanden habe. Das konnte ihn zwar an seiner Grundüberzeugung, daß der christliche Gottesglaube längst ausgehöhlt sei, und an dem darauf abgestimmten Verfahren nicht irremachen. Doch zeigte es ihm, wo bei dem Versuch, den Zentralbegriff herauszubrechen, angesetzt werden mußte. Ansatzstelle mußte demgemäß der streng formal gefaßte Grundgedanke des ontologischen Beweises sein, der Gott das Unüberdenklich-Größte nannte. Deshalb leutet die Ausgangsfrage des tollen Menschen in der Vorskizze:

> Wohin ist Gott? Haben wir denn das Meer ausgetrunken? Was war das für ein Schwamm, mit dem wir den ganzen Horizont um uns auslöschten? Wie brachten wir dies zu Stande, diese ewige Linie wegzuwischen, auf die bisher alle Linien und Maße sich zurückbezogen, nach der bisher alle Baumeister des Lebens bauten, ohne die es keine Perspektiven, keine Ordnung, keine Baukunst zu geben schien?

Und unbeschadet dessen, was sich aus der Gleichnisgestalt des Textes ergibt, kann man feststellen, daß er in spiegelverkehrter Weise auch der Argumentation des anselmischen Gottesbeweises folgt. Wie dieser vom Formalbegriff des Göttlich-Größten auf dessen Existenz schließt, erwartet der tolle Mensch von der Tötung Gottes den Eintritt in eine „höhere Geschichte, als alle Geschichte bisher war". Das aber läßt auf eine so enge Verflechtung mit theologischen Denkweisen schließen, daß man sich unwillkürlich fragt, ob dieses Verfahren die bloße Destruktion zum Ziel hat. Tatsächlich beobachtete schon *Karl Jaspers*, daß es bei Nietzsche mitten im Kampf immer wieder zu einer Art Stillstand kommt, „wenn er den Gegner mit einbezieht, sich gleichsam in ihn verwandelt, ihn nicht vernichten will, sondern seine Fortdauer wünscht, auch sogar die Fortdauer des Christentums ..."[36] Diese Beobachtung trifft gerade auch auf den in der ‚Fröhlichen Wissenschaft' geführten Angriff zu. Denn aus dem gleichen Zeitraum stammt die dialogisch gehaltene Nachlaß-Notiz:

---

[36] *Karl Jaspers,* Nietzsche und das Christentum, München 1963, 73; zum folgenden *Mazzino Montinari,* Zarathustra vor *Also sprach Zarathustra,* in: Nietzsche lesen, Berlin 1982, 79–91.

Ihr nennt es die Selbstzersetzung Gottes: es ist aber nur seine Häutung: – er zieht seine moralische Haut aus! Und ihr sollt ihn bald wiedersehen, jenseits von Gut und Böse. [42][37]

Und in dieselbe Richtung deutet auch die mit flüchtigen Schriftzeichen hingeworfene Nachlaß-Stelle, die sich zu dem Vorwurf steigert:

Ihr macht es euch zu leicht, ihr Gottlosen! Gut, es mag so sein, wie ihr sagt: die Menschen haben Gott geschaffen – ist dies ein Grund, sich nicht mehr um ihn zu kümmern? [41][38]

Die Verkündigung: der Fürsprecher

Dennoch verließ Nietzsche den Kampfplatz mit dem Gefühl, ein ungeheueres Vakuum hinterlassen zu haben. Wenn es ihm wirklich darum zu tun war, dem Dasein seinen herzzerbrechenden und grausamen Charakter zu nehmen, mußte dieses Vakuum ausgefüllt werden. Das lag aber nicht mehr im Rahmen seiner strategischen Planung; vielmehr überkam es ihn in Form eines inspiratorischen Widerfahrnisses. Damit beginnt die Geschichte seines zunächst in drei Teilen erschienenen und dann durch einen vierten Teil ergänzten ‚Zarathustra'. Im Mittelstück seines ‚Ecce homo', das einen emphatischen Durchblick durch sein literarisches Schaffen bietet, berichtet Nietzsche, wie ihn auf seinem Wanderweg am See Silvaplana „bei einem mächtigen pyramidal aufgetürmten Block" die Idee zum Zarathustra, vor allem aber Zarathustra als Typus, regelrecht ‚überfallen' habe. Und er stellt im Anschluß daran die Frage: „Hat jemand, Ende des neunzehnten Jahrhunderts, einen deutlichen Begriff davon, was Dichter starker Zeitalter *Inspiration* nannten?" [38] In seiner Antwort, nach *Thomas Mann* ein stilistisches Meisterstück, erinnert er sich an den fast zwanghaft ablaufenden Schaffensrausch, in dem er die aufblitzenden Gedanken, die herandrängenden Bilder, die sich spontan einstellenden Worte niedergeschrieben habe[39].

---

37 Nachlaß (Die Unschuld des Werdens II) § 949.

38 KSA IX, 611.

39 Ecce homo. Warum ich so gute Bücher schreibe: Zarathustra, § 3; dazu *Thomas Mann*, Nietzsches Philosophie im Lichte unserer Erfahrung, in: Neue Studien, Frankfurt/M. 1948, 121. Gewichtige Einwände gegen diese offenkundige Selbststilisierung erhob bereits August Horneffer, der Nietzsches Darstellung aufgrund seiner Einblicke in die tatsächliche Textlage allenfalls für die Endredaktion einzelner Schriften gelten läßt: Nietzsche als Moralist und Schriftsteller, Jena 1906, 69f. 76f.

Im Licht des Nachlaßmaterials wird man in diesem Text eher das Werk einer Selbststilisierung als der exakten Erinnerung sehen müssen. Statt dessen entsteht der Eindruck, als stelle sich Nietzsche hier mit seiner ganzen Autorität hinter ein Werk, dessen hohle Phraseologie ihm wenigstens unterschwellig bewußt war[40]. Daß ihm schon die Zuordnung problematisch war, zeigt das an *Gast* gerichtete Briefwort:

Unter welche Rubrik gehört eigentlich dieser ‚Zarathustra'? Ich glaube beinahe, unter die ‚Symphonien'. Gewiß ist, daß ich damit in eine andere Welt hinübergetreten bin – der ‚Freigeist' ist erfüllt. Oder –?[41]

Tatsächlich löste der Zarathustra ein ‚symphonisches' Echo aus. Nachdem *Gustav Mahler* das ‚Mitternachtlied' in seine Dritte Sinfonie (d-Moll) eingearbeitet hatte, schrieb *Richard Strauß* die sinfonische Dichtung ‚Also sprach Zarathustra. Frei nach Friedrich Nietzsche' (op. 30). Es war nicht zuletzt dieser ‚sinfonische' Zug, der über die Rezeption des Werks entschied. Während sich die vom Expressionismus geprägte Generation der Jahrhundertwende an ihm geradezu berauschte, wird es heute, im Urteil der skeptischen Gegenwart, als aufgebläht und ungenießbar empfunden, so daß man am liebsten einen ‚Nietzsche ohne Zarathustra' *(Wein)* haben möchte.

Indessen erreichten Nietzsche in diesem dem heutigen Empfinden so fernliegenden Werk unbestreitbar gedankliche und sprachliche Höhepunkte seines Schaffens. Hier steht das Wort: „Wo die Einsamkeit aufhört, da beginnt der Markt; und wo der Markt beginnt, da beginnt auch der Lärm der großen Schauspieler und das Geschwirr der giftigen Fliegen", das *Heideggers* kritische Analyse der Alltäglichkeit vorwegnimmt[42]. Hier lehrt Zarathustra, daß es in Sachen Freiheit nicht auf das „Frei wovon?", sondern auf das „Frei *wozu*?" ankommt[43]. Hier redet er sich seinen Kummer über den Menschen von der Seele, so daß seine Lehre vom Übermenschen erst das volle Profil gewinnt: „Dies ist meinem Auge das Fürchterliche, daß ich den Menschen zertrümmert finde und zerstreuet wie über ein Schlacht- und Schlächterfeld hin"[44]. Und hier

[40] Ähnlich argumentiert, wenngleich mit ganz anderer Begründung, *Theodor W. Adorno* im Blick auf die beschwörenden Äußerungen Beethovens zu seiner ‚Missa solemnis' in dem Essay ‚Verfremdetes Hauptwerk', in: Moments musicaux, Frankfurt/M. 1964, 170f.

[41] Brief vom 2. April 1883.

[42] Zarathustra I, Von den Fliegen des Marktes.

[43] Zarathustra I, Vom Wege des Schöpfenden.

[44] Zarathustra II, Von der Erlösung.

steht neben der bedenklichen Parole: „Gelobt sei, was hart macht!" auch die Erkenntnis: „Die stillsten Worte sind es, welche den Sturm bringen. Gedanken, die mit Taubenfüßen kommen, lenken die Welt" [19][45]. Neben hohlem Wortschwulst und schlimmen Entgleisungen wie dem erotisch überhitzten Nachtisch-Psalm „Die Wüste wächst", den Nietzsche dann zu alledem auch noch in die Dionysos-Dithyramben aufnahm, findet sich so bewegende Lyrik wie das von *Mahler* vertonte ‚trunkene Lied' [23] oder das empfindungstiefe ‚Nachtlied', das mit den Worten beginnt:

Nacht ist es: nun reden lauter alle springenden Brunnen. Und auch meine Seele ist ein springender Brunnen.

Nacht ist es: nun erst erwachen alle Lieder der Liebenden. Und auch meine Seele ist das Lied eines Liebenden.

Ein Ungestilltes, Unstillbares ist in mir; das will laut werden. Eine Begierde nach Liebe ist in mir, die redet selber die Sprache der Liebe.

Licht bin ich: ach, daß ich Nacht wäre! Aber dies ist meine Einsamkeit, daß ich von Licht umgürtet bin.[46]

Seinen Schwerpunkt hat der ‚Zarathustra' aber fraglos in der Verkündigung von Nietzsches Gegen-Evangelium. Im Anlauf dazu entwickelt er die Lehre von den „drei Verwandlungen", die der Heteronomie der christlichen Gehorsams-Ethik die Autonomie des ‚Weltenkindes' entgegenstellt [15]. Demgemäß wendet sich die neue Heilslehre gegen die „Hinterweltler", gegen die „Verächter des Leibes" und „Prediger des Todes". Anstatt zur Keuschheit rät Zarathustra „zur Unschuld der Sinne", anstatt zur Nächstenliebe „zur Nächsten-Flucht und zur Fernsten-Liebe" [16][17]. Und was die Ehe betrifft, so gilt für ihn: „Nicht nur fort sollst du dich pflanzen, sondern hinauf!"[48] Im Kern dieser Verkündigung aber steht der gegen den christlichen Jenseitsglauben gerichtete Appell „Bleibt der Erde treu!", der seine letzte Vertiefung in Zarathustras Anverlobung an die Ewigkeit mit dem „hochzeitlichen Ring" der ewigen Wiederkunft erfährt [20][49]. Weniger eindeutig ist die Antithese zur Lehre von der Gotteskindschaft. Sie schwankt zwischen dem Bild des in sich gestillten Kindes und der Figur des Übermenschen, zu der Nietzsche freilich mit dem Fortgang des Werkes zunehmend auf Distanz geht[50].

---

[45] Zarathustra III, Der Wanderer; II, Die stillste Stunde.

[46] Zarathustra II, Das Nachtlied.

[47] Zarathustra I, Von der Keuschheit; Von der Nächstenliebe.

[48] Zarathustra I, Von Kind und Ehe.

[49] Zarathustra I, Vorrede, § 3; III, Die sieben Siegel.

[50] Dazu *Hans M. Wolff*, Friedrich Nietzsche. Der Weg zum Nichts, Bern 1956, 203. 206.

Gleichzeitig erreicht Nietzsches Gotteskritik eine letzte Steigerung, die sich jetzt, nachdem der ‚alte Gott' totgesagt ist, auf den Gottesgedanken bezieht. Damit knüpft er an die Vorstellung des Eingangsaphorismus zum dritten Buch der ‚Fröhlichen Wissenschaft' mit dem Titel „Neue Kämpfe" an, der dazu aufruft, den von dem toten Gott zurückgebliebenen ‚Schatten' zu bekämpfen [6][51]. Gott, so lehrt nun Zarathustra, „ist ein Gedanke, der macht alles Gerade krumm, und alles, was steht, drehend", und er gibt seinen Jüngern zu bedenken:

Könntet ihr einen Gott *denken*? – Aber dies bedeute euch Wille zur Wahrheit, daß alles verwandelt werde in Menschen-Denkbares, Menschen-Sichtbares, Menschen-Fühlbares! Euere eignen Sinne sollt ihr zu Ende denken! [18][52]

Dem fügt der zunächst nur für die Freunde, nicht für die Öffentlichkeit bestimmte „vierte und letzte Teil" zwei neue Gesichtspunkte hinzu. Der in ihm auftretende ‚letzte Papst' übt massive Kritik am Offenbarungsgedanken, indem er Gott vorwirft, in seiner Mitteilung „undeutlich" gewesen zu sein, und diesen Einwand noch durch die Frage verschärft:

Und lag es an unsern Ohren, warum gab er uns Ohren, die ihn schlecht hörten? War Schlamm in unsern Ohren, wohlan! wer legte ihn hinein? [21][53]

Demgegenüber gibt die Szene mit dem „häßlichsten Menschen", der den Gottesmord verübte, Auskunft über das innerste Motiv der Gottesleugnung, wenn ihm Zarathustra auf den Kopf zusagt:

Du ertrugst den nicht, der *dich* sah, – der dich immer und durch und durch sah, du häßlichster Mensch! Du nahmst Rache an diesem Zeugen! [22][54]

Sah sich der Verfasser des Jugendgedichts „Du hast gerufen" vom göttlichen Blick nur angerührt, so hat sich dieser Blick für Nietzsche inzwischen in eine tödliche ‚Intervention' verwandelt. Er dringt, wie es die „Klage der Ariadne" in den Dionysos-Dithyramben ausdrücken wird, als versehrender Pfeil, entfremdend und zerbrechend, in das Herz, die Ich-Mitte, des Menschen ein [53].

---

51 Die fröhliche Wissenschaft III, § 108.
52 Zarathustra II, Von den glückseligen Inseln.
53 Zarathustra IV, Außer Dienst.
54 Zarathustra IV, Der häßlichste Mensch.

Deshalb begehrt der menschliche Selbstwille gegen Gott auf, so daß sich alles in die Alternative zuspitzt: Er oder ich. Doch damit hat sich auch schon der Ring von Nietzsches antireligiöser Entwicklung, die mit dem jähen Verlust des Kinderglaubens einsetzte, geschlossen.

Die Analyse: eine Auslegungsgeschichte

Die Hochstimmung des Zarathustra-Erlebnisses war nur von kurzer Dauer. Schon während der Niederschrift des Werkes bemächtigt sich Nietzsches eine fürchterliche Gegnerschaft „gegen das gesamte Zarathustra-Gebilde". Kein Zweifel, er ist der pathetischen Verkünder-Gebärde überdrüssig geworden, während sich gleichzeitig seine elementare Talentierung als Kultur- und Zeitanalytiker und seine Neigung zu aphoristischer Sprach-Artistik neu zu Wort meldet. Ohne daß seine äußere Existenz zur Ruhe gekommen wäre, findet er doch in seiner spartanischen Behausung in dem im Ober-Engadin gelegenen Sils-Maria eine Art Standort, auf den er sich aus kurzfristigen Zwischenaufenthalten in Rapallo, Rom, Nizza und Venedig immer wieder zurückzieht. Er verfaßt neue Vorreden zu seinen kritischen Frühwerken und legt in ‚Jenseits von Gut und Böse' (von 1886) eine glänzende Probe seines kritischen Ingeniums vor. „Nachdem der jasagende Teil meiner Aufgabe gelöst war", urteilt er in ‚Ecce homo' darüber, „kam die neinsagende, *neintuende* Hälfte derselben an die Reihe: die Umwertung der bisherigen Werte selbst, der große Krieg."[55] Dieses Programmziel hindert ihn freilich nicht, gerade in dieses Werk seine letzte Huldigung an *Wagner* einzublenden: die glänzende Deutung der Meistersinger-Ouvertüre, von der das geistvolle Eingangswort sagt, daß er sie „wieder einmal zum ersten Male" gehört habe [25][56]. Auch sonst hat man von dem angekündigten ‚Krieg' eher den Eindruck, daß er dazu Stellung beziehe, als daß er ihn wirklich schon eröffnet. Das geschieht etwa in dem – an den berühmten Nachlaß-Aphorismus von der dionysischen Welt vorausweisenden – Satz, die von innen gesehene Welt sei der „Wille zur Macht und nichts außerdem" [45][57].

---

[55] Ecce homo. Warum ich so gute Bücher schreibe: Jenseits von Gut und Böse, § 1.

[56] Jenseits von Gut und Böse VIII, § 240; dazu *Montinari*, Nietzsche und Wagner vor hundert Jahren, in: Nietzsche lesen, 38–55.

[57] Jenseits I, § 36.

Gleichzeitig ist es ihm darum zu tun, dem „Instrument Mensch", wie verstimmt es auch sei, neue Töne zu entlocken. Während er ihn noch im ‚Zarathustra' mit dem Bild des über einen Abgrund gespannten Seils verdeutlichte, nennt er ihn jetzt „das noch nicht festgestellte Tier" [24][58] und spricht er von der Aufgabe, ihn in die Natur zurückzuübersetzen, so daß der „schreckliche Grundtext homo natura" wieder unter der „schmeichlerischen Farbe und Übermalung" herauserkannt werden könne [24]. Nicht umsonst steht die definitionsartige Bestimmung in dem Kapitel über das religiöse Wesen, in dem sich Nietzsche vornimmt, „die ganze bisherige Geschichte der Seele und ihre noch unausgetrunkenen Möglichkeiten" zu erkunden[59]. Dabei stellt sich ihm das Wesen des Christentums extrem gegensätzlich dar. Auf der einen Seite läuft der Christenglaube auf einen „dauernden Selbstmord der Vernunft" hinaus; auf der anderen Seite steht gerade das heute heraufkommende Geschlecht im Begriff, das Höchste der Vernunft, nämlich Gott, dem Nichts zu opfern[60]. Im einen wie im andern Fall wird deutlich, daß es mit dem Christentum – nichts mehr ist. Deshalb antwortet Nietzsche auf die Frage „Warum heute Atheismus?" mit der Feststellung:

> ‚Der Vater' in Gott ist gründlich widerlegt; ebenso ‚der Richter', ‚der Belohner'. Insgleichen sein ‚freier Wille': er hört nicht, – und wenn er hörte, wüßte er trotzdem nicht zu helfen. Das schlimmste ist: er scheint unfähig, sich deutlich mitzuteilen: er ist *unklar*?[61]

Zwar komme es ihm vor, wie er dem hinzufügt, daß der religiöse Instinkt mächtig im Wachsen sei, „daß er aber gerade die theistische Befriedigung mit tiefem Mißtrauen ablehnt".

Um so energischer tritt Nietzsche mit der Streitschrift ‚Zur Genealogie der Moral' (von 1887) zum Angriff an. Nicht nur, daß er in dem Bestreben, das Christentum als die Religion der kaum maskierten Rachegefühle zu erweisen, jene Stelle aus der Tertullian-Schrift ‚Über die Schauspiele' ausgräbt, von welcher der Kirchenhistoriker *von Campenhausen* urteilt, daß kein Grieche, aber auch kein mittelalterlicher Christ „etwas derartig bis zum Sadismus Wildes, Grausig-Grandioses je wieder zu Papier" gebracht habe; nein, er greift das Christentum jetzt buchstäblich an seiner

[58] Jenseits III, § 62 und VII, § 230.
[59] Jenseits III, § 45.
[60] Jenseits III, §§ 46 und 55.
[61] Jenseits I, § 53. Ebenso lautet der Vorwurf des letzten Papstes in dem Zarathustra-Kapitel ‚Außer Dienst' [21].

Wurzel an, die er bereits durch den Haß vergiftet sieht. Zwar sei aus ihr die „sublimste aller Arten Liebe" hervorgewachsen:

Daß man aber ja nicht vermeine, sie sei etwa als die eigentliche Verneinung jenes Durstes nach Rache, als der Gegensatz des jüdischen Hasses emporgewachsen! Nein, das Umgekehrte ist die Wahrheit! Diese Liebe wuchs aus ihm heraus, als seine Krone, als die triumphierende, in der reinsten Helle und Sonnenfülle sich breit und breiter entfaltende Krone, welche mit demselben Drange ... auf die Ziele jenes Hasses, auf Sieg, auf Beute, auf Verführung aus war, mit dem die Wurzeln jenes Hasses sich immer gründlicher und begehrlicher in alles, was Tiefe hatte und böse war, hinuntersenkten.[62]

Und Jesus, dieses „leibhaftige Evangelium der Liebe", wie Nietzsche ihn hier nennt, war zuletzt nur die Verführung dazu „in ihrer unheimlichsten und unwiderstehlichsten Form". Daraus erklärt es sich, daß Nietzsche im Ergebnis seiner Analyse das Christentum in einem „Akt der Selbstaufhebung" begriffen sieht [27]. Wie alle großen Gestalten der Geistesgeschichte ist es dazu verurteilt, an seinen eigenen Hervorbringungen zugrunde zu gehen. Wie es bereits durch die historische Kritik „als Dogma" destruiert worden sei, beginne es sich jetzt auch „als Moral" aufzulösen. Darin bestehe das „große Schauspiel in hundert Akten, das den nächsten zwei Jahrhunderten Europas aufgespart" bleibe; denn:

nachdem die christliche Wahrhaftigkeit einen Schluß nach dem andern gezogen hat, zieht sie am Ende ihren *stärksten Schluß*, ihren Schluß *gegen* sich selbst; dies aber geschieht, wenn sie die Frage stellt ‚*was bedeutet aller Wille zur Wahrheit?*'[63]

Nichts liegt Nietzsche freilich ferner als die Absicht, diesem Schauspiel als bloßer Beobachter beizuwohnen. Vielmehr arbeitet er dem behaupteten Prozeß dadurch in die Hand, daß er „die *echte* Geschichte des Christentums" erzählt, durch die es sich von selbst erledigt [32]. Denn in seiner Genealogie gesehen ist das Christentum eine einzige Auslegungsgeschichte. An ihrem Anfang stand das blutige Faktum des Kreuzes Jesu, das seine Jünger vor die Frage stellte: „Wer war das? Was war das?" [33][64]. Auf diese Frage antworteten der Haß und das Ressentiment der Jünger mit einer grotesken Fehlinterpretation. Am Anfang dieses Prozesses stand Paulus, der die „frohe Botschaft" der reinen Lebenspraxis Jesu in

---

[62] Zur Genealogie der Moral I, § 8.
[63] Zur Genealogie der Moral III, § 27.
[64] Der Antichrist, § 40.

die allerschlimmste verkehrte und so den Erlöster erst wirklich ans Kreuz – „an *sein* Kreuz" – schlug [34]. Mit seiner „Lüge vom wiederauferstandenen Jesus" verlegte er das ganze Schwergewicht des Daseins „hinter dies Dasein"; so aber leistete er jener Entwicklung Vorschub, die zur Ausbildung des christlichen Dogmen- und Moralsystems führte[65]. In der Folge mischten sich immer neue ‚Interpretamente' in diese Deutungsgeschichte ein, so daß sie durch einen progressiven Abfall von ihrem Ursprung gekennzeichnet ist:

Über das Christentum Herr geworden: der Judaismus (Paulus); der Platonismus (Augustin); die Mysterienkulte (Erlösungslehre, Sinnbild des Kreuzes); der Asketismus (– Feindschaft gegen die ‚Natur', ‚Vernunft', ‚Sinne' – Orient ...).[66]

Indessen scheint Nietzsche auch der Effizienz dieses Verfahrens letztlich zu mißtrauen. Deshalb geht er im letzten Schaffensjahr dazu über, das Christentum, das er bisher auf den beiden Angriffswegen der Systemkritik und der entstehungsgeschichtlichen Widerlegung ‚analysiert' hatte, mit einer in dieser Form beispiellosen Sprachpolemik zu bekämpfen. Jetzt weiß er auch die Antwort auf die Frage, die ihm mit dem vom Vater gewählten Taufspruch auf seinen Lebensweg mitgegeben worden war. Sie lautet: der Antichrist.

Die Anklage: der Antichrist

Mit der Behauptung des Lebensrückblicks: „Ich widerspreche, wie nie widersprochen worden ist", schrieb Nietzsche tatsächlich das Motto seiner letzten Schaffensphase, die durch eine anhaltende Stimmungs-Euphorie und eine hektische Steigerung seiner Produktionskraft gekennzeichnet ist. Wie alle Erfolge hatte freilich auch diese erstaunliche Hervorbringung ihren Preis. Denn neben den veröffentlichten Werken hatte er während der letzten Jahre in einer Unmenge von Notizen das Material zu einem systematischen Hauptwerk aufgeschichtet, für das unterschiedliche Titel wie ‚Die ewige Wiederkunft', ‚Umwertung aller Werte' und ‚Der Wille zur Macht' vorgesehen waren. Daß die aus Paraguay zurückgekehrte Schwester, die der Mutter in zähem Kampf die Publika-

[65] Der Antichrist, § 42. Dazu auch die frühe Pauluskritik in dem Morgenröte-Kapitel ‚Der erste Christ' (§ 68).
[66] Nachlaßfragment vom Winter 1887/88 (KSA XIII, 161).

tionsrechte abzuringen vermochte, große Teile des Nachlasses dann unter dem letzten der drei Titel herausbrachte, sollte sich wirkungsgeschichtlich als besonders verhängnisvoll erweisen. Nietzsche selbst befaßte sich zwar mit einer Reihe von Plänen zur Disposition der Gedankenmasse; doch brachte er den ‚Antichrist', der bis zuletzt als das erste Buch der ‚Umwertung' vorgesehen war, schließlich in einer Form heraus, die dem Verzicht auf das geplante Hauptwerk gleichkam. Denn in einer Entschließung letzter Hand strich er den anfänglich vorgesehenen Untertitel und ersetzte ihn durch die Worte: „Fluch auf das Christentum".

Damit stimmte er sich zugleich auf die Tonart ein, die in seinem Spätwerk vorherrscht. Zunächst rechnete er jetzt nochmals mit *Wagner* ab. Nachdem er zu Beginn des Jahres bereits den ‚Fall Wagner' (von 1888) veröffentlicht hatte, tritt er in ‚Nietzsche contra Wagner' erneut gegen ihn in die Schranken. Hauptgegner aber ist und bleibt das Christentum, von dem er in ‚Ecce homo' sagt, daß er dadurch „gegen den ganzen Rest der Menschheit" abgegrenzt sei, daß er das Unwesen der christlichen Moral entdeckt und dadurch eine Katastrophe heraufbeschworen habe, durch die er „die Geschichte der Menschheit in zwei Stücke" auseinanderbreche; denn dadurch habe der Blitz der Wahrheit gerade das getroffen, „was bisher am höchsten stand" [40][67]. Mit dieser Entdeckung sei der „Unwert aller Werte mitentdeckt" worden, an die man bisher geglaubt habe. Denn die Begriffe ‚Gott', ‚Jenseits', ‚Seelenheil' und ‚Sünde' seien nur erfunden worden, um das Leben in Frage zu stellen, das Diesseits zu entwerten, den Leib zu verachten und ein Folter-Instrument zur Terrorisierung des Menschen zu gewinnen.

Bei aller Vehemenz ist das bereits aus der Rückschau gesagt. Vollzogen wurde die große Demaskierung nämlich bereits in der ‚Genealogie der Moral' und zumal in dem ‚Zwillings-Werk' *(Montinari)*, das im Zentrum der letzten Schaffensphase steht. Während sich die Hoffnung auf Abschluß des Hauptwerks verflüchtigte, gestaltete Nietzsche aus den Materialien der letzten Zeit zunächst ein Buch, das er mit einer Spitze gegen *Wagner* ‚Götzen-Dämmerung' betitelte und mit dem er, dem Untertitel zufolge, zeigen wollte, „wie man mit dem Hammer philosophiert". Im unmittelbaren Anschluß daran entstand dann aber auch ‚Der Antichrist' auf derselben Basis. Was die Kritik des Christentums anlangt, so ist im ‚Antichrist' gegenüber dem Schwesterwerk eine

---

[67] Ecce homo. Warum ich ein Schicksal bin, § 7 f.

deutliche Eskalation, besonders im Blick auf die Sprachpolemik, zu verzeichnen. Geht es ihm in der ‚Götzen-Dämmerung' eher darum, das Christentum von seinen geistesgeschichtlichen Voraussetzungen – und Auswirkungen – her zu widerlegen, so holt er im ‚Antichrist' zum endgültigen Vernichtungsschlag aus.

Im Grund beginnt das Christentum für Nietzsche schon lange vor seiner eigentlichen Geschichte mit *Sokrates*, der schon so sehr der Lebensverneinung verfallen war, daß er sterben wollte und Athen zum Giftbecher zwang[68]. Zum System erhoben wurde dieser Irrtum durch *Platon*, der den christlichen Selbstwiderspruch so genau vorwegnahm, daß das Christentum, wie Nietzsche schon in der Vorrede zu ‚Jenseits von Gut und Böse' sagt, geradezu als „Platonismus fürs Volk" zu bezeichnen ist. Die Geschichte dieses sich fortzeugenden Irrtums schildert der geistesgeschichtliche Durchblick, der mit dem Titel „wie die ‚wahre Welt' endlich zur Fabel wurde" überschrieben ist [29]. Hier wird Platon bereits auf den Schlüsselsatz des Johannes-Evangeliums „Ich bin die Wahrheit" (14,6) festgelegt. Von da an führt die Geschichte der „wahren Welt" über Stadien immer stärkerer Sublimierung, in der die platonische Ideensonne schließlich nur noch bleich im ‚königsbergerischen'Nebel zu sehen ist, bis zu jenem Wendepunkt, der mit der Aufklärung erreicht ist. Es ist der Anbruch des hellen Tags, erfüllt vom „Teufelslärm aller freien Geister". Den vollen Mittag, diesen „Augenblick des kürzesten Schattens", in dem die Menschheit auf ihrem Höhepunkt anlangt, führt aber erst Zarathustra herauf. Mit ihm kommt die Geschichte des ‚längsten Irrtums' an ihr Ende.

Sosehr sich hier schon der plakative Spätstil Nietzsches bemerkbar macht, läßt er seiner Aggressivität doch erst im ‚Antichrist' vollen Lauf. Es sind im Grunde die alten Einwände, die er hier geltend macht; doch macht der extrem polemische Ton die neue Musik. Keine Rede davon, daß die „Fortentwicklung des Gottesbegriffs vom ‚Gotte Israels', vom Volksgotte zum christlichen Gotte, zum Inbegriff alles Guten", als ein Fortschritt gelten könne[69]! Im Gegenteil; der christliche Gottesbegriff habe als „einer der korruptesten" zu gelten, in dem „das Nichts vergöttlicht, der Wille zum Nichts heiliggesprochen" worden sei[70]. Eine vergleich-

---

68 Götzen-Dämmerung: Das Problem des Sokrates, § 12.

69 Der Antichrist, § 17. Auch diesen Gedanken übernimmt Nietzsche fast wörtlich von *Heine*, der in seiner ‚Geschichte der Religion und Philosophie in Deutschland' die Selbstauflösung des Gottesbegriffs sarkastisch nachgezeichnet und dabei das Motiv des Gottestodes erstmals intoniert hatte (Ende des 2. Buches).

70 Der Antichrist, § 18.

bare Sinnverkehrung kennzeichnet die Entwicklungsgeschichte des Christentums, die es dahingebracht habe, „daß die Menschheit vor dem Gegensatz dessen auf den Knien liegt, was der Ursprung, der Sinn, das *Recht* des Evangeliums war", und was dessen „froher Botschafter als *unter* sich als *hinter* sich" empfunden habe; vergebens suche man „nach einer größeren Form *welthistorischer Ironie*" [31][71].

Im Grunde habe die Korruption dessen, was der Erlöser war und wollte, schon innerhalb der ersten Gemeinde eingesetzt. „Was Paulus später mit dem Logiker-Zynismus eines Rabbiners zu Ende führte", habe deshalb nur den Verfalls-Prozeß verfestigt, der mit dem Kreuzestod Christi begann[72]. So bleibe es „dem Kritiker des Christentums nicht erspart, das Christentum *verächtlich* zu machen"[73]. Vergeblich suche es sich gegen diese Kritik durch die „doppelte Mauer" der Behauptung abzuschirmen, seine Lehren entstammten einmal der Offenbarung und dann der Tradition, so daß sich jeder Einwand dagegen entweder dem Vorwurf der Gottlosigkeit oder doch wenigstens dem der Pietätlosigkeit aussetze[74]. Nein, jetzt komme es darauf an, das, was *Luthers* maßlose Angriffe auf das Papsttum verhängnisvoll verhindert hätten, die Vernichtung der Kirche, endlich ins Werk zu setzen [35][75]. Und das tue er, Nietzsche, indem er das abschließende Urteil spreche und „gegen die christliche Kirche die furchtbarste aller Anklagen" erhebe, die je ein Ankläger in den Mund genommen habe [36]. Denn ihre einzige Praxis bestehe darin, der Menschheit jedes Blut, jede Liebe und jede Lebenshoffnung aus den Adern zu saugen, und die schlimmste Verschwörung, die es je gegeben habe, gegen alles, was gesund, schön, wohlgeraten und gut sei, ja „gegen das Leben selbst", ins Werk zu setzen. Dem folgen die völlig enthemmten Schlußsätze:

> Diese ewige Anklage des Christentums will ich an alle Wände schreiben, wo es nur Wände gibt, – ich habe Buchstaben, um auch Blinde sehend zu machen ... Ich heiße das Christentum den Einen großen Fluch, die Eine große innerlichste Verdorbenheit, den Einen großen Instinkt der Rache, dem kein Mittel giftig, heimlich, unterirdisch, *klein* genug ist, – ich heiße es den Einen unsterblichen Schandfleck der Menschheit ...[76]

71 Der Antichrist, § 36.
72 Der Antichrist, § 44.
73 Der Antichrist, § 57.
74 Ebd.
75 Der Antichrist, § 61.
76 Der Antichrist, § 62.

Und doch ereignet sich gerade auch in diesem Werk der hemmungslosen Sprachpolemik das, was man nicht mehr für möglich gehalten hätte: die, wenngleich verhohlene und gebrochene Identifikation mit dem Gegner. Denn es ist ausgerechnet der ‚Antichrist', in welchem Nietzsche jenes einfühlsame Bild Jesu entwarf, das den Eindruck erweckt, daß der Stoß der Kritik an ihm vorbeigeführt werde[77]. Obwohl er im gleichen Zusammenhang auch das schockierende Wort ‚Idiot' gebraucht, das dem Nietzsche-Archiv derart in die Knochen fuhr, daß es die Stelle in den Erstausgaben unterdrückte, spricht es doch für ein ungewöhnliches Verständnis, daß sein ganzes Leben nichts anderes als die Praxis einer kindlich vertrauenden Gottinnigkeit gewesen sei, und daß er auch mit seinem Tod nichts anders als „die stärkste Probe, den Beweis" für diese Lebenspraxis geben wollte:

Er hatte keine Formeln, keinen Ritus für den Verkehr mit Gott mehr nötig, – nicht einmal das Gebet. Er hat mit der ganzen jüdischen Buß- und Versöhnungs-Lehre abgerechnet; er weiß, wie es allein die *Praktik* des Lebens ist, mit der man sich ‚göttlich', ‚selig', ‚evangelisch', jederzeit als ein Kind Gottes' fühlt ... Ein neuer Wandel, *nicht* ein neuer Glaube ...[78]

Ihren Höhepunkt erreicht diese sich im Schatten der anhaltenden Kritik vollziehende Begegnung mit Jesus in der Ausdeutung des Kreuzes-Gesprächs, die gleichfalls vom Archiv unterdrückt wurde, weil sie Nietzsche, der das Wort des Leidensgefährten mit dem Bekenntnis des Hauptmanns verknüpft, in den Anschein mangelnder Bibelfestigkeit brachte [30]. In Wirklichkeit bietet er eine erst von der ‚Christologie von innen' voll eingeholte Erklärung des Zwiegesprächs, wenn er – schon in der Vorstudie – versichert:

Der Schächer am Kreuz: – wenn der Verbrecher selbst, der einen schmerzhaften Tod erleidet, urteilt: „So wie dieser Jesus, ohne Revolte, ohne Feindschaft, gütig, ergeben, leidet und stirbt, so allein ist es das Rechte" hat er das Evangelium bejaht: und damit *ist er im Paradiese* ...[79]

---

[77] Nach *Thomas Mann* hat Nietzsche die Person Jesu „von seinem Haß auf das Christentum" unberührt gelassen (Nietzsches Philosophie im Lichte unserer Erfahrung, 133); *Ernst Benz* nennt Nietzsche im Blick auf diese Passagen, wie *Jaspers* mit Verwunderung registriert, geradezu den „Lehrer einer imitatio Christi, welche die Kirche aus Schwachheit und Bequemlichkeit unterschlagen hat" (*Jaspers,* Nietzsche und das Christentum, 26).

[78] Der Antichrist, § 33.

[79] KSA XIII, 154. Dazu die Ausführungen meines Jesusbuchs ‚Der Helfer', München 1973, 213; ferner mein Beitrag ‚Der Leidensgefährte', in: Geist und Leben 48 (1975) 40–50.

Das geht weit über das hinaus, was Zarathustra zu Jesus zu sagen hat, wenn er ihn zu einem potentiellen Anhänger seiner Lehre erklärt:

> Glaubt es mir, meine Brüder! Er starb zu früh: er selber hätte seine Lehre widerrufen, wäre er bis zu meinem Alter gekommen! Edel genug war er zum Widerrufen! [17][80]

Hier ist es vielmehr, als habe Nietzsche, dem das Leben zuletzt in dem Wunsch bestand, daß ihn einer seine Gedanken unglaubwürdig mache, einen Augenblick erwartungsvoll auf Jesus geschaut, bevor er sich endgültig in sich selbst verschloß.

Das Selbstporträt: ein Hanswurst

Nietzsche konnte die Monotonie seiner Argumentationen, denen er lediglich noch durch seine Sprachartistik – und Sprachpolemik – neue Glanzlichter aufzusetzen vermochte, nicht entgangen sein. Das dürfte ihn veranlaßt haben, in jähem Bruch zu seinem bisherigen Schrifttum, das entweder in analytischer, kritischer oder auch kerygmatischer Hinsicht ‚nach außen' gerichtet war, ein Werk der Selbstdarstellung zu verfassen. Nur noch von der Hinwendung zur eigenen Person konnte er sich, wie *Giorgo Colli*, der Initiator der Kritischen Gesamtausgabe beobachtete, eine Verkürzung und „sichtbare Bündelung" seiner Gedanken, wenn nicht gar eine Kontaktmetamorphose zum Zweck der völligen Umschmelzung seines bisherigen Gedankenmaterials erhoffen[81]. Wenn das zutrifft, verfuhr Nietzsche in diesem Fall mit seiner eigenen Person so, wie er es in ‚Ecce homo' von anderen sagt:

> Ich greife nie Personen an – ich bediene mich der Person nur wie eines starken Vergrößerungsglases, mit dem man einen allgemeinen, aber schleichenden, aber wenig greifbaren Notstand sichtbar machen kann[82].

So gesehen wäre der Lebensrückblick, den Nietzsche mit dem beziehungsreichen Passionstitel ‚Ecce homo' überschrieb, ein letzter und äußerster Versuch, den Übergang zu einer neuen Schaffensphase zu gewinnen, nachdem ihn im Frühjahr 1888 das deprimierende Gefühl befallen hatte, an der Grenze seiner schöp-

---

[80] Zarathustra I, Vom freien Tode.

[81] *Giorgo Colli*, Nachwort zur KSA VI, 456.

[82] Ecce homo, Warum ich so weise bin, § 7.

ferischen Möglichkeiten angekommen zu sein. Da er an eine Erweiterung des Motivmaterials nicht denken konnte, sucht er durch einen Akt extremer Selbstidentifikation, bei dem er – in Abwandlung einer ‚Ecce homo'-Stelle gesprochen – die eigene Person als ‚Vergrößerungsglas' benutzt, zu einer neuen Leseart des bisherigen Werkes zu gelangen. Das Ergebnis in Gestalt des ‚Ecce homo'-Kapitels „Warum ich so gute Bücher schreibe" spricht durchaus für diese Annahme. Denn es setzt den durchmusterten Werken so helle Glanzlichter auf, daß sie wiederholt in einem neuen Licht erscheinen. So gelingt Nietzsche auf dem Weg der Selbstidentifikation am Ende doch noch der erstrebte Schritt über sich selbst hinaus. Der Hochstimmung der letzten Schaffenswochen entsprechend drückte er sich selbst freilich ganz anders aus:

> In Voraussicht, daß ich über Kurzem mit der schwersten Forderung an die Menschheit herantreten muß, die je an sie gestellt wurde, scheint es mir unerläßlich, zu sagen, *wer ich bin.* Im Grunde dürfte man's wissen: denn ich habe mich nicht ‚unbezeugt gelassen'. Das Mißverhältnis aber zwischen der Größe meiner Aufgabe und der *Kleinheit* meiner Zeitgenossen ist darin zum Ausdruck gekommen, daß man mich weder gehört, noch auch nur gesehn hat ... Unter diesen Umständen gibt es eine Pflicht, gegen die im Grunde meine Gewohnheit, noch mehr der Stolz meiner Instinkte revoltiert, nämlich zu sagen: *Hört mich! denn ich bin der und der. Verwechselt mich vor Allem nicht!* [37][83]

Der Titel der damit beginnenden Selbstbiographie fügt sich diesem Anspruch nur bedingt; Gleiches gilt auch vom Inhalt. Denn dieser reduziert die Lebensgeschichte weitgehend auf die Schaffensgeschichte, so daß der Eindruck entsteht, als gewinne Nietzsche seine wahre Identität weniger in dem, was er war und lebte, als vielmehr in seinen Werken. Nicht umsonst ist diesen das umfangreiche Mittelstück gewidmet. Das erinnert unwillkürlich an *Augustinus*, der seinem Bekenntniswerk in den späten Jahren den kritischen Durchblick durch seine Schriften der ‚Retraktationen' nachschob, so daß man diese geradezu als die Bekenntnisse seines Greisenalters bezeichnete. Da sich Nietzsche im Frühjahr 1885 intensiv mit den ‚Confessiones' befaßte, ist noch nicht einmal auszuschließen, daß der Entschluß zur Abfassung einer Selbstdarstellung auf eine Spätwirkung dieser Lektüre zurückgeht. Daß er sich in einem Briefwort an *Overbeck* voller Ironie über diese Lektüre äußerte, spricht eher für als gegen diese Annahme:

---

[83] Ecce homo, Vorwort, § 1.

Ich las jetzt, zur Erholung, die Confessionen des h. Augustin, mit großem Bedauern, daß Du nicht bei mir warst. O dieser alte Rhetor! Wie falsch und augenverdreherisch! Wie habe ich gelacht ...! Philosophischer Wert gleich Null. *Verpöbelter Platonismus*, das will sagen, eine Denkweise, welche für die höchste seelische Aristokratie erfunden wurde, zurechtgemacht für Sklaven-Naturen. Übrigens sieht man, bei diesem Buche, dem Christentum in den Bauch: ich sehe dabei mit der Neugierde eines radikalen Arztes und Physiologen.[84]

Noch weniger läßt sich der – ausgerechnet der johanneischen Passionsgeschichte entnommene – Titel mit der Eingangsbemerkung zur Deckung bringen, da er zwar mit höchster Betonung von einem Menschen, nicht jedoch von einem Individuum spricht, ganz so, als habe dieser das Allgemein-Menschliche so durchlitten, daß ihm darüber die eigene Individualität aus dem Blick verschwindet. Tatsächlich spricht das Werk immer weniger von einem, dem es um seine unverwechselbare Lebensgestalt zu tun ist; um so mehr aber von dem, in welchem schicksalhafte Prozesse zur Entscheidung drängen. Nicht umsonst überschreibt Nietzsche das letzte Kapitel seines Selbstporträts mit dem Satz „Warum ich ein Schicksal bin". Was er hier in die Form einer halben Frage kleidet, hatte er in der Vorstudie bereits mit der Feststellung beantwortet:

Meine Formel dafür: der Antichrist ist selbst die notwendige Logik in der Entwicklung eines echten Christen, in mir überwindet sich das Christentum selbst. [46][85]

So gesehen ist ‚Ecce homo' der Bericht von der – euphorisch empfundenen – Agonie einer subjektiven Lebensgestalt. Das trifft um so mehr zu, als Nietzsche hier zunehmend den Kontakt mit der Wirklichkeit verliert und sich in jene Wahn-Welt verspinnt, die ihn kurz danach veranlaßt, einen Fürstentag nach Rom einzuberufen, der die von ihm in der Nachfolge des toten Gottes angetretene Weltherrschaft eröffnen soll. Daß sich im Dezember 1888 der Übergang zum Wahnsinn vollzogen haben muß, zeigt auch der erst neuerdings entzifferte Nachtrags-Abschnitt zu dem Kapitel „Warum ich so weise bin" (§ 3), in welchem Nietzsche die letzten Hemmungen hinsichtlich seines Verhältnisses zu Mutter und

---

[84] Brief vom 31. März 1885. Die Schlußbemerkung gewinnt ihr volles Profil erst, wenn man *Nietzsches* Äußerung aus der ‚Genealogie der Moral' hinzunimmt: „Hybris ist unsere Stellung zu uns, denn wir experimentieren mit uns, wie wir es uns mit keinem Tiere erlauben würden, und schlitzen uns vergnügt und neugierig die Seele bei lebendigem Leibe auf" (III, § 9).

[85] Nachgelassene Fragmente: KSA XIII, 622.

Schwester fallen läßt und seine Verwandtschaft mit ihnen als eine ‚Lästerung auf seine Göttlichkeit' bezeichnet; auch bekenne er, daß der schwerste Einwand gegen seinen Gedanken der ewigen Wiederkunft noch immer die Vorstellung gewesen sei, dadurch nochmals mit seiner Schwester und seiner Mutter zusammengeführt zu werden[86]. Damit beginnt aber bereits der Wahn, das ursprünglich formbestimmende Interesse an der eigenen Subjektivität derart zu überblenden, daß Nietzsche in den letzten Dezembertagen an *Carl Fuchs* schreiben kann:

> Alles erwogen, lieber Freund, hat es von jetzt ab keinen Sinn mehr, über mich zu reden und zu schreiben; ich habe die Frage, *wer ich bin*, mit der Schrift, an der wir drucken, *ecce homo* für die nächste Ewigkeit ad acta gelegt. Nun soll man sich fürderhin nie um mich bekümmern, sondern um die Dinge, derentwegen ich da bin.[87]

Dem entspricht das Verhältnis des ‚letzten Nietzsche' zum Christentum. Nachdem er im Eingangskapitel von ‚Ecce homo' die früheren Einwände gegen Christentum und Moral nochmals aufgegriffen und diese die „Circe der Menschheit" genannt hatte, spielt er sich am Schluß förmlich in die Rolle des ‚frohen Botschafters' hinein, wenn er versichert:

> Ich bin ein *froher Botschafter*, wie es keinen gab, ich kenne Aufgaben von einer Höhe, daß der Begriff dafür bisher gefehlt hat; erst von mir an gibt es wieder Hoffnungen.[88]

Damit rührt Nietzsche nicht nur an jenen Bereich der christologischen Identifikationen, in welchem Jesus die Wahrheit (Joh 14,6), die Weisheit (1 Kor 1,30), der Friede (Eph 2,14) und die Hoffnung (Kol 1,27) genannt wird, nein, er treibt den Kampf gerade hier so weit, daß er sich der gegnerischen Position anverwandelt und sich nun seinerseits zu einem Hoffnungsprinzip erklärt. Gleichzeitig aber geht er zu ihr, fast erschreckt, auf Distanz. Er habe, so versichert er zu Beginn des Schlußkapitels, eine „erschreckliche Angst davor", eines Tages heiliggesprochen zu werden; aber:

---

[86] Kommentarband zur KSA XIV, 473.

[87] KSA XV (Nietzsche-Chronik), 206.

[88] Ecce homo. Warum ich ein Schicksal bin, § 1. Bei der Würdigung der ‚Götzendämmerung' hatte Nietzsche schon ganz ähnlich argumentiert: „Und allen Ernstes, niemand wußte vor mir den rechten Weg, den Weg *aufwärts*: erst von mir an gibt es wieder Hoffnungen, Aufgaben, vorzuschreibende Wege der Kultur – *ich bin deren froher Botschafter*" (§ 2).

Ich will kein Heiliger sein, lieber noch ein Hanswurst ... Vielleicht bin ich ein Hanswurst ... Und trotzdem oder vielmehr *nicht* trotzdem ... redet aus mir die Wahrheit.[89]

Das scheinbar leicht hingeworfene Wort steht, näher besehen, in einem bedeutungsvollen Rückbezug. Er führt über das schon im ‚Zarathustra' enthaltene Gedicht „Nur Narr, nur Dichter" zurück zu der Figur des „tollen Menschen", in welchem Nietzsche erstmals die Narren-Rolle übernahm, um die Distanz zwischen seiner Botschaft und ihren verständnislosen Adressaten voll ausspielen zu können. Und wenn man sich davon überzeugen läßt, daß es Nietzsche in der Parabel vom tollen Menschen um einen ‚gleichnishaften Widerruf' des ontologischen Gottesbeweises zu tun ist, führt die damit durchgezogene Linie sogar zurück bis zum Urheber des Arguments, der seinen Beweisgang ausdrücklich gegen die Position des ‚Toren' entwickelt, der in seinem Herzen den ebenso verwegenen wie unmöglichen Gedanken faßt: „Es ist kein Gott."[90]

Die volle Problemtiefe ergibt sich jedoch erst, wenn man die Bezeichnung Jesu als ‚Idiot' im ‚Antichrist' hinzunimmt, die damit in einem noch kaum beachteten werkimmanenten Zusammenhang erscheint. Denn mag sich darin auch zunächst eine enthemmte Aggressivität bekunden, so verliert das Wort doch entscheidend an polemischer Schärfe, wenn man bedenkt, daß Nietzsche Jesus damit nur das anlastet, was er sich mit der Narrenrolle selbst auferlegte[91]. So kommt es im Exzeß der Aggression auch hier zu einer ganz unvermuteten Begegnung. Doch wozu überhaupt die Narrenrolle? Darauf antwortet die Hanswurst-Stelle: wegen der Wahrheit! Denn es gibt für Nietzsche Wahrheiten, die nicht aus der Position des Lehrers oder gar des Künders,

---

[89] Ecce homo. Warum ich ein Schicksal bin, § 1.

[90] Zu der Kontroverse, in der ich in dieser Frage mit *Hans Küng* stehe, siehe dessen Werk ‚Existiert Gott?' (München 1978, 413.810) sowie meine Erwiderung in: Gottsucher oder Antichrist? Nietzsches provokative Kritik des Christentums, Salzburg 1982, 66f. 71.

[91] Kaum irgendwo treffen die unterschiedlichen Beleuchtungen, in denen *Nietzsche* wirkungsgeschichtlich erschien, so hart aufeinander wie in dieser Bezeichnung. Extreme Polemik scheint das Nietzsche-Archiv empfunden zu haben, das sich deshalb zur Unterdrückung der Stelle veranlaßt sah. Eine deutliche Abschwächung darf man in den mit *Karl Jaspers* einsetzenden Versuchen erblicken, die Bezeichnung ‚Idiot' auf den Titel des gleichnamigen Dostojewskij-Romans zurückzuführen. Bevor man sich aber dieser auch von *Walter Kaufmann* favorisierten Deutung anschließt, sollte zunächst die werkimmanente Erklärung in Betracht gezogen werden, zumal Nietzsche zwar die ‚Dämonen', nicht jedoch das Spätwerk *Dostojewskijs* gekannt zu haben scheint.

sondern nur unter der Maske des Außenseiters, der skurrilen Randfigur, zur Sprache gebracht werden können. Es sind dies jene Erkenntnisse, die entweder infolge ihrer Größe oder wegen ihrer Neuheit über den Horizont des Durchschnittsmenschen hinausgehen. Ihm müssen sie im Anschein des Absonderlichen, womöglich sogar des Lächerlichen ausgerichtet werden, weil sie nur so der Gefahr entgehen, sofort ins Bildungswissen einbezogen und damit – eingeebnet zu werden. Davon spricht die Gedichtstrophe:

> Nur Narr! Nur Dichter!
> Nur Buntes redend,
> aus Narrenlarven bunt herausredend,
> herumsteigend auf lügnerischen Wortbrücken,
> auf Lügen-Regenbogen
> zwischen falschen Himmeln
> herumschweifend, herumschleichend–
> *nur* Narr! *nur* Dichter!

Das Ende: der Rubicon

Die an den ‚letzten' Apostel – Paulus – gemahnende Selbstverkleinerung Nietzsches in ‚Ecce homo' bildet den Kontrapunkt zu seinem Gefühl, daß ‚seine' Wahrheit im Begriff stehe, endgültig durchzubrechen und die Regie allen Denkens und Geschehens an sich zu reißen[92]. Tatsächlich aber ist er, wie es in einer am Jahresende 1888 verfaßten Wahnsinnsbotschaft an *Peter Gast* heißt, im Begriff, den Rubikon von Wissen und Wahn zu überschreiten:

> Ah, Freund! *welcher* Augenblick! – Als Ihre Karte kam, was tat ich da … Es war der berühmte Rubicon … [47][93]

Der letzte Anstoß ist aufschlußreich. Als er an einem der ersten Januartage des Jahres 1889 in Turin, seinem letzten Standort, einen Kutscher unbarmherzig auf sein Pferd einschlagen sieht, fällt er dem gequälten Tier schluchzend um den Hals – und bricht zusammen. Die Dekrete, die er im Wahn seiner Göttlichkeit an den folgenden Tagen erläßt und die sich an Freunde, hochgestellte Persönlichkeiten, Regierungen und Fürstenhäuser richten, sind wechselweise mit ‚Dionysos' und ‚Der Gekreuzigte' unterzeichnet. *Overbeck* gesteht er in einer solchen Botschaft, er arbeite

[92] Zur Selbstverkleinerung des Apostels siehe mein Paulusbuch ‚Der Zeuge', Graz 1981, 21f.
[93] Brief vom 31. Dezember 1888.

schon an einem Memorandum für die europäischen Höfe zum Ziel der Begründung einer antideutschen Liga; denn er wolle das Reich „in ein eisernes Hemd einschnüren und zu einem Verzweiflungskrieg provozieren". Eine andere Botschaft, in der er mit ‚Der Gekreuzigte' unterzeichnet, läßt den Freund *Georg Brandes* wissen: „Nachdem Du mich entdeckt hast, war es kein Kunststück, mich zu finden: die Schwierigkeit ist jetzt die, mich zu verlieren ..." [46] Denn der Absender steht im Begriff, seine Residenz in Rom zu beziehen, wo er auch den italienischen König *Humbert I.* „neben seiner Heiligkeit dem Papst" sehen möchte [51]. Der *maestro Gast* wird in eindeutig biblischen Wendungen aufgefordert: „Singe mir ein neues Lied: die Welt ist verklärt und alle Himmel freuen sich" [49]. Und schließlich berichtet Nietzsche, kurz vor dem langen Wahnsinnsbrief (vom 6. Januar 1889) *Burckhardt* von dem kleinen Scherz, dessentwegen er sich „die Langeweile, eine Welt geschaffen zu haben, nachsehe"; denn von nun an habe er nur noch, „zusammen mit Ariadne ..., das goldene Gleichgewicht aller Dinge zu sein" [50][94].

In das schwer erhellbare Übergangsfeld von Euphorie, Realitätsentfremdung, manischer Selbstübersteigerung und offenem Wahn führen die bewegenden Berichte, die *Overbeck* an *Peter Gast* von der Überführung des Freundes in die Basler Irrenklinik erstattete. In einem ersten und naturgemäß nur kurzen Bescheid schreibt er ihm:

> Montags abend reiste ich nach Turin, gestern früh habe ich ihn oder vielmehr einen nur für den Freund kenntlichen Trümmerhaufen von ihm dem hiesigen Irrenspital übergeben. Dort gilt sein Fall zunächst durch den ungemessensten Größenwahn charakterisiert, aber durch wie vieles andere sonst! – als hoffnungslos. Ich habe kein ebenso entsetzliches Bild der Zerstörung gesehen. Aus vielen Gründen muß ich es heute bei dieser Mitteilung bewenden lassen.[95]

Um so ausführlicher – und schrecklicher – ist dann die Schilderung, die er wenige Tage danach auf diesen Erstbescheid folgen läßt. Für Nietzsches religiöse Lebensgeschichte ist davon soviel wichtig, daß sich der immer wieder von krankhaften Zuckungen Befallene am Klavier in maßlosen Rasereien erging und dabei Fetzen aus der Gedankenwelt, in der er zuletzt gelebt hatte, hervorstieß. In kurzen, „mit einem unbeschreiblich gedämpften Tone

---

[94] Botschaft vom 4. Januar 1889.
[95] Brief vom 11. Januar 1889.

vorgebrachten Sätzen" habe er „sublime, wunderbar hellsichtige und unsäglich schauerliche Dinge über sich als den ‚Nachfolger des toten Gottes'" vernehmen lassen, worauf dann wieder „Ausbrüche eines unsäglichen Leidens erfolgten". Insgesamt aber „überwogen die Äußerungen des Berufs, den er sich selbst zuschrieb, der Possenreißer der neuen Ewigkeit zu sein"[96].

In diesen letzten Äußerungen aus Restbeständen seines Wachbewußtseins überschreitet Nietzsche auch in dem Sinn den Rubicon, daß er endgültig von der kämpferischen Gestaltwahrnehmung zur Identifikation mit dem Gegner übergeht. War es ihm bisher nur darum zu tun, die an Gott abgetretenen Attribute für den Menschen wiederzugewinnen und dadurch dem Dasein die verlorene „Schönheit und Erhabenheit" zurückzuerstatten, so tritt er jetzt förmlich in die Nachfolge des toten Gottes ein. Eine gleichsinnige Entwicklung dürfte auch sein Verhältnis zu Christus durchlaufen haben. War dieses Verhältnis bisher dadurch gekennzeichnet, daß es, mitten in Kampf und Widerspruch, zu jenen ‚stigmatischen Intuitionen' gekommen war, in denen Nietzsche zu einer von keiner doktrinalen und historischen Vermittlung verstellten Einsicht in Gestalt und Lebenswerk Jesu gekommen war, so läßt er jetzt in einer an den Rand des Wahnsinnsbriefs an *Burckhardt* notierten Nachschrift diesen wissen, daß er „voriges Jahr von den deutschen Ärzten auf eine sehr langwierige Weise gekreuzigt" worden sei.

Das letzte zu dieser Entwicklung aber sagt das Pseudonym ‚Der Gekreuzigte', mit dem Nietzsche eine Reihe seiner Wahnsinnsbotschaften in der Absicht unterzeichnet, damit endgültig aus einer lebenslang gewahrten Pseudonymität hervorzutreten. Damit fällt nicht nur Licht auf die überraschende Wahl des Passionstitels für seinen Lebensrückblick, sondern auch auf die rätselhafte Tatsache, daß Nietzsche, wie vor *Jaspers* schon *August Messer* und nach ihm *Thomas Mann* beobachteten, den Zentralstoß seiner Christentumskritik an Jesus vorbeiführt, so daß er von dem ‚Todkrieg', den er dem Christentum gerade in der letzten Phase des Kampfes erklärt, unberührt bleibt. Er mußte ihn, wie jetzt deutlich wird, schonen, weil er für ihn die im Grunde immer schon gesuchte Identifikationsfigur war. Und das erklärt dann rückläufig auch die christologischen Einblicke, mit denen Nietzsche gerade im ‚Antichrist' überrascht. Es waren Einblicke, die insgeheim bereits von jener Ein- und Einsfühlung eingegeben waren, von der,

---

[96] Brief vom 15. Januar 1889.

schon jenseits der Sprachgrenze, die Unterschrift ‚Der Gekreuzigte' spricht.

Sosehr es zutrifft, daß der Literat in Nietzsche in dem Augenblick stirbt, in dem die Woge des Wahns über ihm zusammenschlägt, überdauert er doch diesen Augenblick noch für eine kurze Weile als Künstler. Denn der erschütternde Bericht, in dem sich *Overbeck* den Kummer über den zum menschlichen Wrack gewordenen Freund von der Seele redet, enthält auch die Mitteilung, daß der Kranke aus dem Dämmerschlaf, in den man ihn versetzt hatte, immer wieder erwachte, um sich in lauten Gesängen zu ergehen. Vor allem aber habe ihn das „wunderschöne Gondellied" überrascht, das Nietzsche mit „völlig eigentümlicher Melodie" gesungen habe, und dessen Herkunft ihm erst später klargeworden sei. Das Lied klingt tatsächlich wie ein Epilog, den sich Nietzsche, vor Eintritt in die endgültige Nacht, selber zusang:

> An der Brücke stand
> jüngst ich in brauner Nacht.
> Fernher kam Gesang;
> goldener Tropfen quoll's
> über die zitternde Fläche weg.
> Gondeln, Lichter, Musik –
> trunken schwamm's in die Dämmerung hinaus …
>
> Meine Seele, ein Saitenspiel,
> sang sich, unsichtbar berührt,
> heimlich ein Gondellied dazu,
> zitternd vor bunter Seligkeit.
> – Hörte jemand ihr zu?[97]

Die Bedeutung: der menschenmögliche Atheismus

Overbeck, der angesichts des von ihm erlebten Verfalls die vielleicht tiefsten Einblicke in Nietzsches Psyche gewann, urteilt über den Freund, daß Nietzsche „kein im eigentlichen Sinne großer Mensch" gewesen sei, doch sei er stets vom „Bestreben nach Größe" beherrscht gewesen[98]. Dem glaubt *Werner Ross,* der einfühlsame Nietzsche-Biograph, mit der Feststellung widersprechen

---

[97] Das Lied steht nicht, wie *Overbeck* meint, in ‚Nietzsche contra Wagner', sondern in: Ecce homo. Warum ich so klug bin, § 7.

[98] *Werner Ross,* Der ängstliche Adler. Friedrich Nietzsches Leben, Stuttgart 1980, 787.

zu müssen, daß Nietzsche in Wirklichkeit „einer der genialsten Menschen des ausgehenden neunzehnten Jahrhunderts" gewesen sei, dessen Fortwirkung bis heute noch immer nicht voll abgeschätzt werden könne[99]. Doch enthält gerade dieser Nachsatz eine unwillkürliche Einschränkung. Denn wie die Größe Nietzsches erst wirkungsgeschichtlich voll zum Tragen kommt, liegt sie offensichtlich nicht so sehr in ihm als vielmehr in seiner Wechselwirkung mit der Folgezeit. Dann ist der ‚Ort' seiner Größe nicht seine Person, sondern seine immer noch im Fortgang begriffene Rezeption. Tatsächlich läßt es sich kaum bestreiten, daß Nietzsche in erster Linie als Anreger, Angreifer und Provokateur gewirkt hat. Nicht nur, daß Zentralgedanken seiner ‚Lehre' wie die Vorstellung vom Übermenschen, von der ewigen Wiederkunft des Gleichen und vom Willen zur Macht kaum Anklang fanden, oder, wie im letzten Fall, von der Wirkungsgeschichte radikal desavouiert wurden; auch die ‚griffigen Formeln', die sein Werk in reicher Fülle bietet, gelangten kaum zu bewußtseinsbildender Effizienz. Deutlichstes Symptom dafür ist die Tatsache, daß sich die offensichtlich von ihm inspirierte ‚Gott-ist-tot-Theologie' bei den spärlichen Versuchen einer geistesgeschichtlichen Selbstrechtfertigung weniger auf ihn als vielmehr auf *Hegel* zurückbezieht.

Um so größer ist seine Wirkung dort, wo er, wie eingangs bemerkt, als Droge, und das besagt, als Stimulans der Bewußtseinserweiterung empfunden und wo er, wie in der theologischen Rezeption der letzten Jahre, als die große Provokation von Glauben und Theologie begriffen wird[100]. Er wirkt, vereinfachend ausgedrückt, mehr als Anreiz und Herausforderung, weniger als Orientierungshilfe. Wiederum war es *Overbeck,* der diese Rolle Nietzsches als erster klar erkannte und gegen eine kurzatmige Apologetik verteidigte. Noch kein ernster Versuch, die bekannte Welt verständig zu begreifen, so meint er in seinem Gedankenzug ‚Christentum und Kultur' (von 1919), sei an der unbekannten gescheitert; doch bestehe die Kehrseite dieses Satzes darin, daß auch noch kein Erklärungsversuch gelungen sei, der in der unbekannten Welt eingesetzt habe[101]. Doch macht er sich dazu unverzüglich den Selbsteinwand, wie er denn ein derartiges Scheitern

---

99 Ebd.

100 Symptomatisch dafür sind die breiten Ausführungen, die ihm in so gegensätzlichen Werken wie in *Hans Küng* ‚Existiert Gott?' (von 1978) und *Walter Kaspers* ‚Der Gott Jesu Christi' (von 1982) gewidmet sind.

101 *Franz Overbeck,* Christentum und Kultur, Darmstadt 1963, 135.

bestreiten könne, wo er doch das Schicksal Nietzsches aus nächster Nähe erlebt habe. Darauf erwidert er mit dem Zugeständnis, daß Nietzsche auf seiner Lebensfahrt tatsächlich sein Fahrzeug, lange vor Ausbruch des Wahnsinns, aus Verzweiflung preisgegeben habe; doch fügt er dem hinzu:

> Ans Ziel gelangt ist auf der Fahrt, die ich hier meine, noch niemand, und insofern ist auch Nietzsche darauf nicht mehr mißlungen als Anderen ... Gescheitert ist er freilich, aber doch nur so, daß er gegen die unternommene Fahrt als Argument so gut und so schlecht dienen kann, wie die Schiffbrüchigen gegen das Beschiffen des Meeres.[102]

Im übrigen sieht sich *Overbeck* durch Nietzsches Kampf gegen das Christentum „an das Zerreißen der Ketten" erinnert, mit denen ein Sklave ehedem gefesselt war. In diesem Zusammenhang gibt er dem Nietzsche-Wort vom Tod Gottes eine höchst bemerkenswerte Deutung; denn das ‚Gott ist tot' ist für ihn etwas grundlegend anderes als die These: „Gott ist nicht!" Nur in der Feststellung, daß die Beziehung zu Gott abgebrochen sei, besteht für ihn die den Menschen allein zugängliche Form des Atheismus, also das, was er den „menschenmöglichen Atheismus" nennt:

> Die andere Form wäre die übermenschliche, und wie Nietzsche zu dieser stand, steht dahin und hängt vollkommen an der Zweideutigkeit des Übermenschbegriffes. Ein Bekenntnis Nietzsches zu dieser übermenschlichen Form des Atheismus gibt es auf jeden Fall nicht, und von ihr läßt sich allerdings behaupten, daß es sie gar nicht gegeben hat, wenigstens nicht in seinen zurechnungsfähigen Tagen.[103]

Was aber Overbecks Gedanke von Nietzsches Scheitern anlangt, so hatte dieser selbst schon ganz Ähnliches in einem Gedicht von sich gesagt, das wie der späte Lebensrückblick mit dem Titel ‚Ecce homo' überschrieben ist:

> Ja! Ich weiß, woher ich stamme!
> Ungesättigt gleich der Flamme
> Glühe und verzehr' ich mich.
> Licht wird alles, was ich fasse,
> Kohle alles, was ich lasse:
> Flamme bin ich sicherlich!

---

[102] A. a. O., 136. Vom Biographischen her wird die Ähnlichkeit mit Kierkegaard auch dadurch bestätigt, daß dieser wie er der festen Überzeugung war, vor Vollendung seines 34. Lebensjahrs – bei Nietzsche war es das 35. – sterben zu müssen. Und in beiden Fällen ist der Todesgedanke ausdrücklich durch die jeweilige Vater-Beziehung motiviert; dazu *Walter Lowrie,* Das Leben Sören Kierkegaards, Köln 1955, 166.

[103] *Carl Albrecht Bernoulli,* Franz Overbeck und Friedrich Nietzsche. Eine Freundschaft I, Jena 1908, 216.

Diesem Bildgedanken zufolge sieht sich Nietzsche zu einem permanenten Akt der Selbstzerstörung verurteilt. Doch darin besteht zugleich auch seine Größe und Wirkung: im Erglühen sich zu verzehren. Gleichzeitig kommt in dieser Strophe ein elementares Wissen um sein kritisches Ingenium zum Ausdruck. Er widerspricht, seinem späten Wort zufolge, tatsächlich so, wie noch nie widersprochen worden ist; denn in seinen Verneinungen negiert er sich mit. Und das heißt umgekehrt, daß die von ihm negierten Gegenstände in die Flamme seiner Selbstverneinung eingetaucht werden. Das bringt es mit sich, daß sie unter den Hammerschlägen seiner Kritik aufglühen und, wie nie zuvor, in ihren Grundstrukturen sichtbar werden. Das alles aber geschieht fast absichtslos, überstrahlt von der einen Gewißheit: Flamme bin ich sicherlich!

Eine Kritik dieser Größenordnung wächst über sich selbst hinaus und wird zum Zeichen, zum Feuer-Zeichen [55]. Darin gründet dann auch die vielfach beobachtete und ausgewertete Vergleichbarkeit Nietzsches. Weil er seine Größe und Leuchtkraft in Akten der Kritik und Negation erreicht und somit, härter ausgedrückt, von fremder Substanz lebt, ist er strukturell an andere verwiesen. In kaum einer Frage ist sich die Nietzsche-Forschung aber so einig wie in der Überzeugung, daß das am stärksten auf sein Verhältnis zu *Kierkegaard* zutrifft.[104]

In ihm ist er beziehungsreich vorweggenommen, durch ihn wird er bedeutungsvoll gespiegelt, im Vergleich zu ihm wirkt er wie sein atheistischer Schattenwurf. Kaum läßt sich das im Ecce-homo-Gedicht ausgesprochene Lebensprogramm eindrucksvoller bestätigen als durch den Versuch, an Grundmotiven Kierkegaards zu verdeutlichen, wie seine Gedanken bei Nietzsche Licht und – Kohle werden.

Eine erstaunliche Gemeinsamkeit besteht schon in der Anschauung über den Menschen. Denn bei *Kierkegaard* ist das menschliche Selbst jenes Verhältnis zwischen Leib und Seele, das er letztlich nur verzweifelt wollen kann, weil es nicht durch ihn selbst ‚gesetzt', sondern ihm von Gott gegeben ist. In Nietzsches kritischer Überdehnung wird daraus das ‚Seil', das „zwischen Tier und Übermensch" geknüpft ist: das „Seil über einem Abgrunde"[105]. Als das „noch nicht festgestellte Tier" ist der Mensch

---

104 Am intensivsten sind dieser Beziehung Nietzsches die Autoren *Karl Jaspers, Karl Löwith* und *Gerd-Günther Grau* nachgegangen.

105 Zarathustra I. Zarathustras Vorrede, § 4.

noch immer unbewiesen, noch immer unterwegs zu seinem wahren Selbst. Deshalb muß er die Pfeile seiner Sehnsucht über sich selbst hinaus, „nach dem andern Ufer", richten und, wie Zarathustra lehrt, überwunden werden. Hier freilich droht ihm die größte Gefahr, sich nämlich, wie ihm der Christenglaube rät, an Gott zu verschwenden. Davor soll ihn die Verkündigung des Übermenschen, der Ideenblitz einer Selbstvergöttlichung ohne und gegen Gott, bewahren.

Doch die Gefahr besteht fort, solange der letzte Pfeiler des Gottesglaubens, der ontologische Beweis, nicht zum Einsturz gebracht ist. Auch in der Kritik dieses Beweises begegnet sich Nietzsche, wenngleich in radikal entgegengesetzter Absicht, mit Kierkegaard. Denn für diesen kranken sämtliche Gottesbeweise daran, daß sie die menschliche Verankerung in der Gotteswirklichkeit für die Dauer ihres Verfahrens suspendieren, daß sie also mit der Hypothese „als sei Gott nicht gegeben" arbeiten müssen, um ihren Beweisgang durchführen und am Schluß zeigen zu können, daß Gott wirklich existiert[106]. Das aber ist für Kierkegaard der unerträgliche Fall einer Suspendierung des Religiösen. Ihm legte sich, schon lebensgeschichtlich, das radikal entgegengesetzte Verhalten nah. Wie er von dem – als Aufopferung verstandenen – Bruch mit seiner Verlobten Regine erwartete, daß sie ihm auf einer höheren Ebene wiedergegeben werde, fordert er nun, daß der Beweis ‚losgelassen' werden müsse, damit die allzeit gegebene Gotteswirklichkeit auch intellektuell in Erscheinung treten könne. Auch Nietzsche fordert einen Akt der Entsagung, wenngleich ganz gegensätzlicher Art. Nachdem er in dem Aphorismus ‚Excelsior!' die höchsten Vergünstigungen des Gottesglaubens in Erinnerung gerufen hat, stellt er seinem gottlosen Adressaten die Frage: „Mensch der Entsagung, in alledem willst du entsagen? Wer wird dir die Kraft dazu geben? Noch hatte niemand diese Kraft!" [10] Doch gerade dies verlangt die Strategie seiner Gott-Losigkeit, wenn es gelingen soll, den Menschen zur letzten Steigerung seiner Möglichkeiten zu führen. In diesem Sinn gibt auch der Nachlaß zu bedenken:

---

106 *Sören Kierkegaard* hat diese Kritik besonders eindrucksvoll unter dem Titel ‚Das absolute Paradox' im dritten Kapitel seiner ‚Philosophischen Brocken' (von 1844) entwickelt. Bemerkenswertes sagte dazu *Romano Guardini,* der in seinem Pascal-Buch ‚Christliches Bewußtsein' die Linie vom Schöpfer des Beweises, *Anselm von Canterbury,* über *Pascal* bis *Kierkegaard* durchzog (Leipzig 1935, 187–234).

Wenn wir nicht aus dem Tode Gottes eine großartige *Entsagung* und einen fortwährenden *Sieg über uns* machen, so haben wir den *Verlust zu tragen.*[107]

Selbst Nietzsches „abgründlichster Gedanke", seine Lehre von der ewigen Wiederkunft des Gleichen, ist in der Gedankenwelt Kierkegaards beziehungsreich vorweggenommen[108]. Wie bereits vermerkt, erhoffte er sich von der Auflösung der Verlobung das, was er im Rückblick auf *Platons* Lehre von der ‚Teilhabe' und *Hegels* Idee der ‚Vermittlung' die ‚Wiederholung' nannte[109]. Damit nahm es freilich, wie die gleichnamige Schrift (von 1843) schildert, einen für Kierkegaard völlig unerwarteten Verlauf. Anstatt zu ihm zurückzukehren, vermählte sich die von ihm grenzenlos gequälte Regine unversehens mit einem anderen, so daß es anstelle des erwarteten Gewitters, der Wiederholung, nur zu einem einzigen, dafür aber um so fürchterlicheren Blitzschlag kam, über den Kierkegaard seinem „stummen Mitwisser" mit den Worten berichtet:

Sie ist verheiratet; mit wem, weiß ich nicht; denn als ich das im Blatte las, wurde ich wie vom Schlage gerührt und verlor die Zeitung; und seitdem habe ich nicht die Geduld zu näherer Nachforschung gehabt ... Ist das nicht die Wiederholung? Bekam ich nicht alles doppelt? Bekam ich nicht mich selbst wieder? Gerade so, daß ich dessen Bedeutung doppelt fühlen mußte ...? Ich bin wieder ich selbst; die Maschinerie ist in Bewegung gesetzt, die Umschnürungen sind zerhauen, in denen ich gefesselt war; zerbrochen ist die Zauberformel, in die ich mich verhext hatte, so daß ich nicht zu mir selbst zurückkommen konnte. Es gibt niemand mehr, der seine Hände gegen mich erhebt. Meine Befreiung ist sicher; ich bin zu mir selbst geboren.[110]

Im Feuer von Nietzsches Kritik wird dieser ganz auf das Ziel der personalen Selbstwerdung ausgerichtete Gedanke umgeschmolzen zum „hochzeitlichen Ring der Ringe", mit dem sich Zarathustra-Nietzsche der zweckfrei in sich ruhenden Weltwirklichkeit anverlobt [20]. Davon singt schon das ‚trunkene Lied', in welches der dritte Teil des ‚Zarathustra' ausklingt und in das die „höheren Menschen" am Ende des vierten Teils gemeinsam einstimmen

---

107 Nachlaß (Die Unschuld des Werdens II) § 922.
108 Näheres zu diesem zentralen Lehrstück bei *Karl Löwith,* Nietzsches Philosophie der ewigen Wiederkehr des Gleichen, Stuttgart 1956.
109 Auf diesen wichtigen Zusammenhang machte *Walter Lowrie* in seiner Biographie ‚Das Leben Sören Kierkegaards' (Düsseldorf/Köln 1955, 140f.) aufmerksam.
110 *Sören Kierkegaard,* Die Wiederholung. Die Krise und eine Krise im Leben einer Schauspielerin (Ausgabe *Richter* 1961), 76f.

[23]. Es spricht von einer Welt, die tiefer als der Tag gedacht und deshalb der Ewigkeit zubestimmt ist. In einem der großartigsten Nachlaß-Stücke greift Nietzsche dieses Motiv nochmals auf, in dem er mit dem Aufgebot seiner ganzen Sprachartistik das Bild der dionysisch in sich kreisenden Welt beschwört. Es ist eine Welt aus der alles einzelne, insbesondere aber das subjektive Ich, völlig getilgt ist, untergetaucht und eingeschmolzen in den ungeheueren Kräftestrom der ewigen Wiederkehr, diese unablässige Eschatologie einer kosmischen Wiedereinholung, an der sich Nietzsche bis zur Selbstvergessenheit berauschte, und an der ihn doch insgeheim der Gedanke an seine Mutter und Schwester irremachte eine Welt, die in ihrer allumkreisenden Größe das Gegengewicht zum christlichen Gott, zu Jenseits und Ewigkeit, bilden sollte [45].

Schon der fragende Eingang stellt ein zentrales Lehrstück in Aussicht: „Und wißt ihr auch, was mir ‚die Welt' ist? Soll ich sie euch in meinem Spiegel zeigen?" Noch ganz im Zug dieses fragenden Einstiegs gibt Nietzsche dann auch schon die Antwort, indem er Worte und Wortreihungen aufeinander türmt, die einen ähnlichen Ballungseffekt ergeben, wie sie der ‚tolle Mensch' mit seiner Kaskade von Fragen erzielte, die seinen uneinsichtigen Zuhörern einen Begriff von dem mit dem Gottesmord aufgerissenen Abgrund vermitteln sollten. Die Erinnerung an seinen Auftritt stellt sich nicht von ungefähr ein. Vielmehr entsteht der Eindruck, als gehe es Nietzsche in diesem Nachlaß-Text darum, das positive Gegenbild zu den desillusionierenden Fragen des ‚tollen Menschen zu entwerfen. Der Abgrund, vor den dieser seine Zuhörer stellte wird hier ausgefüllt. In die ungeheure Leere, die der Tod Gottes hinterließ, tritt, alles erfüllend, die dionysische Welt. Sie bedarf keines göttlichen Grundes und erst recht keines Ziels; denn als der ewige Wechsel von Gestaltung und Auflösung, Selbstbejahung und Selbstwiderspruch, kennt sie weder Sättigung noch Überdruß, trägt sie ihren Sinngrund ausschließlich in sich: „ohne Ziel wenn nicht im Glück des Kreises ein Ziel liegt, ohne Willen, wenn nicht ein Ring zu sich selber guten Willen hat". Nur eine Frage bleibt noch offen, die Frage der Benennung, die Nietzsche dadurch löst, daß er die Idee der ewigen Wiederkunft mit der des ‚Willens zur Macht' verknüpft, mit der er am verhängnisvollsten gewirkt hat. In dieser Absicht nimmt der Text abschließend nochmals die Eingangsfrage auf:

> – wollt ihr einen *Namen* für diese Welt? Eine *Lösung* für alle ihre Rätsel? Ein *Licht* auch für euch, ihr Verborgensten, Stärksten, Unerschrockensten, Mitternächtlichsten? – *Diese Welt ist der Wille zur Macht* – und

nichts außerdem! Und auch ihr selber seid dieser Wille zur Macht – und nichts außerdem!

Bis hierher führt der Vergleich mit Kierkegaard, weiter nicht; denn spätestens hier bricht die Unkoordinierbarkeit Nietzsches in vollem Umfang durch. Hatte sich Kierkegaard mit den philosophisch-theologischen Systemdenkern seiner Zeit angelegt, so nahm es Nietzsche mit seiner Zeit im ganzen auf. In einem Kraftakt ohnegleichen suchte er diese bereits aus den Fugen gegangene und dem Nichts entgegendriftende Zeit vollends aus ihrer Verankerung zu reißen, um Raum für eine Alternative zu gewinnen, von der er selbst kaum die Umrisse vor Augen hatte, in der er jedoch den einzigen Ausweg aus der ungeheuren Öde seiner Gegenwart erblickte.

So präsentiert sich Nietzsche in seinen letzten, schon völlig enthemmten Äußerungen als ein Rebell des zugleich zerstörenden und auferbauenden Wortes, der mit der überkommenen Ordnung genauso umgeht, wie er in ‚Ecce homo' mit seinem eigenen Werk verfuhr, als er ihm den Atem seiner überschäumenden Subjektivität einhauchte, um die noch unaufgerufenen Möglichkeiten in ihm freizusetzen. Vor diesem Hintergrund wird das Wahnsinnsgeständnis an *Burckhardt* verständlich, daß er, der Nachfolger des toten Gottes, seinen Privategoismus nicht so weit treiben durfte, um seinetwillen die Erschaffung der – neuen – Welt zu unterlassen. Verständlich werden auch die Äußerungen, in denen er sich als ein ungeheures Kraftzentrum, ja als ‚Dynamit' bezeichnet, das die Weltgeschichte in zwei Hälften auseinandersprenge.

Man muß Nietzsche bis in diese extreme ‚Höhe' folgen, um seinen Zusammenbruch zu begreifen. Es war, strukturell gesehen, der Zusammenbruch des zum Äußersten entschlossenen ‚Experimentalphilosophen', der darauf ausging, die an Gott abgetretenen Attribute für die Menschheit zurückzufordern, und der schließlich, wie es nicht anders sein konnte, von dieser Last erdrückt wurde. Das lenkt den Blick nochmals auf die Ausgangsfrage zurück, mit der Nietzsche angetreten war. In seinem frühen Lebensrückblick hatte er nach dem den Menschen letztlich Umgreifenden gefragt und zweifelnd hinzugefügt: „Ist es die Welt? Ist es Gott?" [1] Inzwischen hatte sich ihm diese Frage längst zugunsten der ersten Alternative entschieden. Jetzt aber, in diesem Nachlaß-Fragment, gewinnt die dionysische Welt ein derartiges Übergewicht, daß sie den nach ihr Fragenden förmlich in sich aufzehrt. Wenn sie kein Ziel und keinen Willen hat, ist sie auch ohne Warum. In ihrer vollen Konsequenz begriffen, läßt sie die Frage nach sich überhaupt nicht zu. Man kann sich ihr nur nähern, um in ihr unterzugehen. Damit erneuert sich für Nietzsche die Situation, die das Gedicht ‚Ecce homo' abschließend anspricht. Das Feuer seiner Kritik schlägt auf ihn selbst zurück, so daß ihm nur die Gewißheit bleibt: „Flamme bin ich sicherlich!" Sein prometheischer Versuch, an die Stelle des ‚ausgetrunkenen Meeres' der Gottheit ein, wie er in der ‚Fröhlichen Wissenschaft' sagte, „neues Unendliches" [13], die heilig- und unendlich gesprochene Welt, zu setzen, endete damit, daß ihn das dionysische Meer verschlang. Wenn ihm, trotz *Overbecks* Bedenken, Größe nicht abgesprochen werden kann, so vor allem in dem Sinn, daß er das von ihm ins Werk gesetzte Experiment bis in seine letzten, tödlichen Konsequenzen hinein durchhielt, obwohl er, wie er *Peter Gast* kurz vor dem Zusammenbruch wissen ließ, mitunter nicht einsah, warum er die ihm bereits fühlbar gewordene Katastrophe seines Lebens „zu sehr beschleunigen sollte"[111].

Wenigstens vom Rand her muß Nietzsche in dieser kritischen Zeitspanne, die er als eine Stunde des überhellen Bewußtseins empfand, deutlich geworden sein, daß sich in seine Aktivitäten mehr und mehr ein Moment der Selbstzerstörung einmischte. Die Identifikation mit dem Gegner, zu der er auf der Höhe seiner Kritik gelangte, brachte es mit sich, daß ihn der von ihm entfesselte ‚Todkrieg' gegen das Christentum selbst zugrunde richtete. Die Alternative „Ist es die Welt? Ist es Gott" war falsch gestellt. Durch die Beseitigung Gottes war weder die Welt noch der Mensch zu retten. So stand am Ende des großen Kampfes nicht, wie Nietzsche hoffte, der „Besieger Gottes und des Nichts" [26], sondern nur – das Nichts[112].

Es wäre gut, wenn diese Warnung gerade dort Gehör fände, wo Nietzsche im Begriff steht, zur ‚Droge' eines aus seiner Verankerung gerissenen und an seinen Prinzipien irregewordenen Denkens zu werden. Demgemäß muß auch am Ende des Durchgangs durch seine kritische Lektüre des Christentums ein Wort der Ernüchterung stehen. Das aber hat Nietzsche bereits selbst in einer fragmentarischen Nachlaßnotiz gesprochen, die wie aus bestürzender Vorahnung vermerkt:

das-nicht-fertig-werden mit dem Christentum[113].

---

[111] Brief vom 16. Dezember 1888.
[112] Zur Genealogie der Moral II, § 24.
[113] KSA XII, 169.

II.
TEXTAUSWAHL

Mein Leben

[1] „Ich bin als Pflanze nahe dem Gottesacker, als Mensch in einem Pfarrhause geboren ... Das erste Ereignis, was bei wachsendem Bewußtsein mich traf, war die Krankheit meines Vaters. Es war eine Gehirnerweichung ... Mein Vater starb. Ich war noch nicht vier Jahre alt. Einige Monate darauf verlor ich meinen einzigen Bruder, ein lebhaftes und begabtes Kind, das von Krämpfen plötzlich überfallen in kürzester Zeit tot war. Wir mußten also unsere Heimat verlassen; am Abend des letzten Tages spielte ich noch mit mehreren Kindern und nahm dann von ihnen, wie von allen lieben Orten Abschied. Ich konnte nicht schlafen; unruhig warf ich mich auf meinem Lager umher und stand endlich gegen Mitternacht auf. Im Hof standen mehrere beladene Wagen, der matte Schein einer Laterne beleuchtete die Hofräume. Sobald der Morgen graute, wurden die Pferde angeschirrt; wir fuhren durch den Morgennebel fort, Naumburg, dem Ziel unserer Reise, zu. Hier, zuerst verschüchtert, nachher etwas lebhafter, aber immer mit der Würde eines kleinen Stockphilisters begann ich das Leben und die Bücher kennenzulernen. Hier gewann ich auch die Natur in ihren schönen Bergen und ihren Flußtälern, Schlössern und Burgen und die Menschen in meinen Verwandten und Freunden lieb. Es begann die Gymnasialzeit und mit ihr neue Interessen und Bestrebungen. Insbesondere keimte damals die Neigung zur Musik ... Ich rückte mit geziemender Langsamkeit und Ordnung endlich nach Tertia auf. Es war wohl Zeit, etwas aus den mütterlichen Kreisen herauszukommen und sich endlich abzugewöhnen, so unendlich unpraktisch seine gewohnten Bahnen zu gehen. Die Weisheit etlicher Lexika war wohl in mir, alle möglichen Neigungen erwacht, ich schrieb Gedichte und Trauerspiele, schauervoll und zum Entsetzen langweilig, quälte mich damit ab, vollständige Orchestermusiken zu komponieren, und hatte mich so in die Idee, mir ein Universalwissen und -können anzueignen, hineingelebt, daß ich in Gefahr war, ein rechter Wirrkopf und Phantast zu werden. Es war darum vielfach wohltätig, als Alumnus der Landesschule Pforta sich durch sechs Jahre hindurch einer größeren Sammlung und Richtung der Kräfte auf feste Ziele zu befleißigen. Noch habe ich diese sechs Jahre nicht hinter mir; aber doch kann ich schon die Ergebnisse dieser Zeit als abgeschlossen betrachten, denn ihre Wirkungen fühlte ich bei jedem, was ich jetzt unternehme. So kann ich auf fast alles, was mich getroffen, sei es Freude, sei es Leid, dankbar zurückschauen, und die Ereignisse ha-

ben mich bis jetzt wie ein Kind geleitet. Vielleicht wird es Zeit, selbst die Zügel der Ereignisse zu ergreifen und in das Leben hinauszutreten. Und so entwächst der Mensch allem, was ihn einst umschlang; er braucht nicht die Fesseln zu sprengen, sondern unvermutet, wenn ein Gott es gebeut, fallen sie ab; und wo ist der Ring, der ihn endlich noch umfaßt? Ist es die Welt? Ist es Gott?

Geschrieben am 18. September 1863

Aus den unzeitgemäßen Betrachtungen

II. Vom Nutzen und Nachteil der Historie für das Leben

1

Betrachte die Herde, die an dir vorüberweidet: sie weiß nicht, was Gestern, was Heute ist, springt umher, frißt, ruht, verdaut, springt wieder, und so vom Morgen bis zur Nacht und von Tage zu Tage, kurz angebunden mit ihrer Lust und Unlust, nämlich an den Pflock des Augenblicks, und deshalb weder schwermütig noch überdrüssig. Dies zu sehen geht dem Menschen hart ein, weil er seines Menschentums sich vor dem Tiere brüstet und doch nach seinem Glücke eifersüchtig hinblickt; – denn das will er allein, gleich dem Tiere weder überdrüssig noch unter Schmerzen leben, und will es doch vergebens, weil er es nicht will wie das Tier. Der Mensch fragt wohl einmal das Tier: warum redest du mir nicht von deinem Glücke und siehst mich nur an? Das Tier will auch antworten und sagen, das kommt daher, daß ich immer gleich vergesse, was ich sagen wollte, – da vergaß es aber auch schon diese Antwort und schwieg: so daß der Mensch sich darob verwunderte.

Er wundert sich aber auch über sich selbst, das Vergessen nicht lernen zu können und immerfort am Vergangnen zu hängen: mag er noch so weit, noch so schnell laufen, die Kette läuft mit. Es ist ein Wunder: der Augenblick, im Husch da, im Husch vorüber, vorher ein Nichts, nachher ein Nichts, kommt doch noch als Gespenst wieder und stört die Ruhe eines späteren Augenblicks. Fortwährend löst sich ein Blatt aus der Rolle der Zeit, fällt heraus, flattert fort – und flattert plötzlich wieder zurück, dem Menschen in den Schoß. Dann sagt der Mensch „ich erinnere mich" und beneidet das Tier, welches sofort vergißt und jeden Augenblick wirklich sterben, in Nebel und Nacht zurücksinken und auf immer verlöschen sieht. So lebt das Tier *unhistorisch*: denn es geht auf in der Gegenwart, wie eine Zahl, ohne daß ein wunderlicher Bruch übrigbleibt, es weiß sich nicht zu verstellen, verbirgt nichts und erscheint in jedem Momente ganz und gar als das, was es ist, kann also gar nicht anders sein als ehrlich. Der Mensch hingegen stemmt sich gegen die große und immer größere Last des Vergangnen: diese drückt ihn nieder oder beugt ihn seitwärts, diese beschwert seinen Gang als eine unsichtbare und dunkle Bürde, welche er zum Scheine einmal verleugnen kann, und welche er im

Umgange mit seinesgleichen gar zu gern verleugnet: um ihren Neid zu wecken. Deshalb ergreift es ihn, als ob er eines verlornen Paradieses gedächte, die weidende Herde oder, in vertrauterer Nähe, das Kind zu sehen, das noch nichts Vergangnes zu verleugnen hat und zwischen den Zäunen der Vergangenheit und der Zukunft in überseliger Blindheit spielt. Und doch muß ihm sein Spiel gestört werden: nur zu zeitig wird es aus der Vergessenheit heraufgerufen. Dann lernt es das Wort „es war" zu verstehen, jenes Losungswort, mit dem Kampf, Leiden und Überdruß an den Menschen herankommen, ihn zu erinnern, was sein Dasein im Grunde ist – ein nie zu vollendendes Imperfektum. Bringt endlich der Tod das ersehnte Vergessen, so unterschlägt er doch zugleich dabei die Gegenwart und das Dasein und drückt damit das Siegel auf jene Erkenntnis, daß Dasein nur ein ununterbrochnes Gewesensein ist, ein Ding, das davon lebt, sich selbst zu verneinen und zu verzehren, sich selbst zu widersprechen.

Wenn ein Glück, wenn ein Haschen nach neuem Glück in irgendeinem Sinne das ist, was den Lebenden im Leben festhält und zum Leben fortdrängt, so hat vielleicht kein Philosoph mehr recht als der Zyniker: denn das Glück des Tieres, als des vollendeten Zynikers, ist der lebendige Beweis für das Recht des Zynismus. Das kleinste Glück, wenn es nur ununterbrochen da ist und glücklich macht, ist ohne Vergleich mehr Glück als das größte, das nur als Episode, gleichsam als Laune, als toller Einfall, zwischen lauter Unlust, Begierde und Entbehrung kommt. Bei dem kleinsten aber und bei dem größten Glücke ist es immer eins, wodurch Glück zum Glücke wird: das Vergessen-Können oder, gelehrter ausgedrückt, das Vermögen, während seiner Dauer unhistorisch zu empfinden. Wer sich nicht auf der Schwelle des Augenblicks, alle Vergangenheiten vergessend, niederlassen kann, wer nicht auf einem Punkte wie eine Siegesgöttin ohne Schwindel und Furcht zu stehen vermag, der wird nie wissen, was Glück ist, und, noch schlimmer: er wird nie etwas tun, was andre glücklich macht. Denkt euch das äußerste Beispiel, einen Menschen, der die Kraft zu vergessen gar nicht besäße, der verurteilt wäre, überall ein Werden zu sehen: ein solcher glaubt nicht mehr an sein eignes Sein, glaubt nicht mehr an sich, sieht alles in bewegte Punkte auseinanderfließen und verliert sich in diesem Strome des Werdens: er wird wie der rechte Schüler Heraklits zuletzt kaum mehr wagen, den Finger zu heben. Zu allem Handeln gehört Vergessen: wie zum Leben alles Organischen nicht nur Licht, sondern auch Dunkel gehört. Ein Mensch, der durch und durch nur historisch empfinden wollte, wäre dem ähnlich, der sich des Schlafens zu enthalten gezwungen würde, oder dem Tiere, das nur vom Wiederkäuen und immer wiederholten Wiederkäuen fortleben sollte. Also: es ist möglich, fast ohne Erinnerung zu leben, ja glücklich zu leben, wie das Tier zeigt; es ist aber ganz und gar unmöglich, ohne Vergessen überhaupt zu leben. Oder, um mich noch einfacher über mein Thema zu erklären: *es gibt einen Grad von Schlaflosigkeit, von Wiederkäuen, von historischem Sinne, bei dem das Lebendige zu Schaden kommt und zuletzt zugrunde geht, sei es nun ein Mensch oder ein Volk oder eine Kultur.*

Um diesen Grad und durch ihn dann die Grenze zu bestimmen, an der das Vergangne vergessen werden muß, wenn es nicht zum Totengräber des Gegenwärtigen werden soll, müßte man genau wissen, wie groß die *plastische Kraft* eines Menschen, eines Volkes, einer Kultur ist; ich meine jene Kraft, aus sich heraus eigenartig zu wachsen, Vergangnes und Fremdes umzubilden und einzuverleiben, Wunden auszuheilen, Verlornes zu ersetzen, zerbrochne Formen aus sich nachzuformen. Es gibt Menschen, die diese Kraft so wenig besitzen, daß sie an einem einzigen Erlebnis, an einem einzigen Schmerz, oft zumal an einem einzigen zarten Unrecht, wie an einem ganz kleinen blutigen Riß, unheilbar verbluten; es gibt auf der anderen Seite solche, denen die wildesten und schauerlichsten Lebensunfälle und selbst Taten der eignen Bosheit so wenig anhaben, daß sie es mitten darin oder kurz darauf zu einem leidlichen Wohlbefinden und zu einer Art ruhigen Gewissens bringen. Je stärkere Wurzeln die innerste Natur eines Menschen hat, um so mehr wird er auch von der Vergangenheit sich aneignen oder anzwingen; und dächte man sich die mächtigste und ungeheuerste Natur, so wäre sie daran zu erkennen, daß es für sie gar keine Grenze des historischen Sinnes geben würde, an der er überwuchernd und schädlich zu wirken vermöchte; alles Vergangne, eignes und fremdestes, würde sie an sich heran-, in sich hineinziehen und gleichsam zu Blut umschaffen. Das, was eine solche Natur nicht bezwingt, weiß sie zu vergessen; es ist nicht mehr da, der Horizont ist geschlossen und ganz, und nichts vermag daran zu erinnern, daß es noch jenseits desselben Menschen Leidenschaften, Lehren, Zwecke gibt. Und dies ist ein allgemeines Gesetz: jedes Lebendige kann nur innerhalb eines Horizontes gesund, stark und fruchtbar werden; ist es unvermögend, einen Horizont um sich zu ziehen, und zu selbstisch wiederum, innerhalb eines fremden den eignen Blick einzuschließen, so siecht es matt oder überhastig zu zeitigem Untergang dahin.

Die Heiterkeit, das gute Gewissen, die frohe Tat, das Vertrauen auf das Kommende – alles das hängt, bei dem einzelnen wie bei dem Volke, davon ab, daß es eine Linie gibt, die das Übersehbare, Helle von dem Unaufhellbaren und Dunkeln scheidet; davon, daß man ebensogut zur rechten Zeit zu vergessen weiß, als man sich zur rechten Zeit erinnert; davon, daß man mit kräftigem Instinkte herausfühlt, wann es nötig ist, historisch, wann, unhistorisch zu empfinden. Dies gerade ist der Satz, zu dessen Betrachtung der Leser eingeladen ist: *das Unhistorische und das Historische ist gleichermaßen für die Gesundheit eines einzelnen, eines Volkes und einer Kultur nötig.*

Aus:
Menschliches, Allzumenschliches

Ein Buch für freie Geister

Vorrede

1

Es ist mir oft genug und immer mit großem Befremden ausgedrückt worden, daß es etwas Gemeinsames und Auszeichnendes an allen meinen Schriften gäbe, von der „Geburt der Tragödie" an bis zum letzthin veröffentlichten „Vorspiel einer Philosophie der Zukunft"; sie enthielten allesamt, hat man mir gesagt, Schlingen und Netze für unvorsichtige Vögel und beinahe eine beständige, unvermerkte Aufforderung zur Umkehrung gewohnter Wertschätzungen und geschätzter Gewohnheiten. Wie? *Alles* nur – menschlich-allzumenschlich? Mit diesem Seufzer komme man aus meinen Schriften heraus, nicht ohne eine Art Scheu und Mißtrauen selbst gegen die Moral, ja nicht übel versucht und ermutigt, einmal den Fürsprecher der schlimmsten Dinge zu machen: wie als ob sie vielleicht nur die bestverleumdeten seien? Man hat meine Schriften eine Schule des Verdachts genannt, noch mehr der Verachtung, glücklicherweise auch des Mutes, ja der Verwegenheit. In der Tat, ich selbst glaube nicht, daß jemals jemand mit einem gleich tiefen Verdachte in die Welt gesehn hat, und nicht nur als gelegentlicher Anwalt des Teufels, sondern ebensosehr, theologisch zu reden, als Feind und Vorforderer Gottes; und wer etwas von den Folgen errät, die in jedem tiefen Verdachte liegen, etwas von den Frösten und Ängsten der Vereinsamung, zu denen jede unbedingte *Verschiedenheit des Blicks* den mit ihr Behafteten verurteilt, wird auch verstehn, wie oft ich zur Erholung von mir, gleichsam zum zeitweiligen Selbstvergessen, irgendwo unterzutreten suchte – in irgendeiner Verehrung oder Feindschaft oder Wissenschaftlichkeit oder Leichtfertigkeit oder Dummheit; auch warum ich, wo ich nicht fand, was ich *brauchte,* es mir künstlich erzwingen, zurechtfälschen, zurechtdichten mußte (– und was haben Dichter je anderes getan? und wozu wäre alle Kunst in der Welt da?). Was ich aber immer wieder am nötigsten brauchte, zu meiner Kur und Selbst-Wiederherstellung, das war der Glaube, *nicht* dergestalt einzeln zu sein, einzeln zu *sehn,* – ein zauberhafter Argwohn von Verwandtschaft und Gleichheit in Auge und Begierde, ein Ausruhen im Vertrauen der Freundschaft, eine

Blindheit zu zweien ohne Verdacht und Fragezeichen, ein Genuß an Vordergründen, Oberflächen, Nahem, Nächstem, an allem, was Farbe, Haut und Scheinbarkeit hat. Vielleicht, daß man mir in diesem Betrachte mancherlei „Kunst", mancherlei feinere Falschmünzerei vorrücken könnte: zum Beispiel, daß ich wissentlich-willentlich die Augen vor Schopenhauers blindem Willen zur Moral zugemacht hätte, zu einer Zeit, wo ich über Moral schon hellsichtig genug war; insgleichen daß ich mich über Richard Wagners unheilbare Romantik betrogen hätte, wie als ob sie ein Anfang und nicht ein Ende sei; insgleichen über die Griechen, insgleichen über die Deutschen und ihre Zukunft – und es gäbe vielleicht noch eine ganze lange Liste solcher Insgleichen? – Gesetzt aber, dies alles wäre wahr und mit gutem Grunde mir vorgerückt, was wißt *ihr* davon, was *könntet* ihr davon wissen, wieviel List der Selbsterhaltung, wieviel Vernunft und höhere Obhut in solchem Selbstbetruge enthalten ist, – und wieviel Falschheit mir noch *not tut,* damit ich mir immer wieder den Luxus *meiner* Wahrhaftigkeit gestatten darf? ... Genug, ich lebe noch; und das Leben ist nun einmal nicht von der Moral ausgedacht: es *will* Täuschung, es *lebt* von der Täuschung ... aber nicht wahr? da beginne ich bereits wieder und tue, was ich immer getan habe, ich alter Immoralist und Vogelsteller – und rede unmoralisch, außermoralisch, „jenseits von Gut und Böse"? –

2

So habe ich denn einstmals, als ich es nötig hatte, mir auch die „freien Geister" *erfunden,* denen dieses schwermütig-mutige Buch mit dem Titel „Menschliches, Allzumenschliches" gewidmet ist: dergleichen „freie Geister" gibt es nicht, gab es nicht – aber ich hatte sie damals, wie gesagt, zur Gesellschaft nötig, um guter Dinge zu bleiben inmitten schlimmer Dinge (Krankheit, Vereinsamung, Fremde, acedia, Untätigkeit): als tapfere Gesellen und Gespenster, mit denen man schwätzt und lacht, wenn man Lust hat zu schwätzen und zu lachen, und die man zum Teufel schickt, wenn sie langweilig werden – als ein Schadenersatz für mangelnde Freunde. Daß es dergleichen freie Geister einmal geben *könnte,* daß unser Europa unter seinen Söhnen von morgen und übermorgen solche muntere und verwegene Gesellen haben *wird,* leibhaft und handgreiflich und nicht nur, wie in meinem Falle, als Schemen und Einsiedler-Schattenspiel: daran möchte *ich* am wenigsten zweifeln. Ich sehe sie bereits *kommen,* langsam, langsam; und vielleicht tue ich etwas, um ihr Kommen zu beschleunigen, wenn ich zum voraus beschreibe, unter welchen Schicksalen ich sie entstehn, auf welchen Wegen ich sie kommen *sehe*? – –

3

[2] Man darf vermuten, daß ein Geist, in dem der Typus „freier Geist" einmal bis zur Vollkommenheit reif und süß werden soll, sein entscheidendes Ereignis in einer *großen Loslösung* gehabt hat, und daß er vorher um so mehr ein gebundener Geist war und für immer an seine Ecke und Säule gefesselt schien. Was bindet am festesten? welche Stricke sind beinahe unzerreißbar? Bei Menschen einer hohen und ausgesuchten Art werden es die Pflichten sein: jene Ehrfurcht, wie sie der Jugend eignet, jene Scheu und Zartheit vor allem Altverehrten und Würdigen, jene Dankbarkeit für den Boden, aus dem sie wuchsen, für die Hand, die sie führte, für das Heiligtum, wo sie anbeten lernten – ihre höchsten Augenblicke selbst werden sie am festesten binden, am dauerndsten verpflichten. Die große Loslösung kommt für solchermaßen Gebundene plötzlich, wie ein Erdstoß: die junge Seele wird mit einem Male erschüttert, losgerissen, herausgerissen – sie selbst versteht nicht, was sich begibt. Ein Antrieb und Andrang waltet und wird über sie Herr wie ein Befehl; ein Wille und Wunsch erwacht, fortzugehn, irgendwohin, um jeden Preis; eine heftige gefährliche Neugierde nach einer unentdeckten Welt flammt und flackert in allen ihren Sinnen. „Lieber sterben als *hier* leben" – so klingt die gebieterische Stimme und Verführung: und dies „hier", dies „zu Hause" ist alles, was sie bis dahin geliebt hatte! Ein plötzlicher Schrecken und Argwohn gegen das, was sie liebte, ein Blitz der Verachtung gegen das, was ihr „Pflicht" hieß, ein aufrührerisches, willkürliches, vulkanisch stoßendes Verlangen nach Wanderschaft, Fremde, Entfremdung, Erkältung, Ernüchterung, Vereisung, ein Haß auf die Liebe, vielleicht ein tempelschänderischer Griff und Blick *rückwärts*, dorthin, wo sie bis dahin anbetete und liebte, vielleicht eine Glut der Scham über das, was sie eben tat, und ein Frohlocken zugleich, *daß* sie es tat, ein trunkenes inneres frohlockendes Schaudern, in dem sich ein Sieg verrät – ein Sieg? über was? über wen? ein rätselhafter, fragenreicher, fragwürdiger Sieg, aber der *erste* Sieg immerhin: – dergleichen Schlimmes und Schmerzliches gehört zur Geschichte der großen Loslösung. Sie ist eine Krankheit zugleich, die den Menschen zerstören kann, dieser erste Ausbruch von Kraft und Willen zur Selbstbestimmung, Selbst-Wertsetzung, dieser Wille zum *freien* Willen: und wie viel Krankheit drückt sie an den wilden Versuchen und Seltsamkeiten aus, mit denen der Be-

freite, Losgelöste sich nunmehr seine Herrschaft über die Dinge zu beweisen sucht! Er schweift grausam umher, mit einer unbefriedigten Lüsternheit; was er erbeutet, muß die gefährliche Spannung seines Stolzes abbüßen; er zerreißt, was ihn reizt. Mit einem bösen Lachen dreht er um, was er verhüllt, durch irgendeine Scham geschont findet: er versucht, wie diese Dinge aussehn, wenn man sie umkehrt. Es ist Willkür und Lust an der Willkür darin, wenn er vielleicht nun seine Gunst dem zuwendet, was bisher in schlechtem Rufe stand – wenn er neugierig und versucherisch um das Verbotenste schleicht. Im Hintergrunde seines Treibens und Schweifens – denn er ist unruhig und ziellos unterwegs wie in einer Wüste – steht das Fragezeichen einer immer gefährlicheren Neugierde. „Kann man nicht alle Werte umdrehn? und ist Gut vielleicht Böse? und Gott nur eine Erfindung und Feinheit des Teufels? Ist alles vielleicht im letzten Grunde falsch? Und wenn wir Betrogene sind, sind wir nicht ebendadurch auch Betrüger? *müssen* wir nicht auch Betrüger sein?“ – solche Gedanken führen und verführen ihn, immer weiter fort, immer weiter ab. Die Einsamkeit umringt und umringelt ihn, immer drohender, würgender, herzzuschnürender, jene furchtbare Göttin und mater saeva cupidinum – aber weiß es heute, was *Einsamkeit* ist? …

I. Vermischte Meinungen und Sprüche

408

[3] *Die Hadesfahrt.* – Auch ich bin in der Unterwelt gewesen wie Odysseus, und werde es noch öfter sein; und nicht nur Hammel habe ich geopfert, um mit einigen Toten reden zu können, sondern des eignen Blutes nicht geschont. Vier Paare waren es, welche sich mir, dem Opfernden, nicht versagten: Epikur und Montaigne, Goethe und Spinoza, Plato und Rousseau, Pascal und Schopenhauer. Mit diesen muß ich mich auseinandersetzen, wenn ich lange allein gewandert bin; von ihnen will ich mir Recht und Unrecht geben lassen, ihnen will ich zuhören, wenn sie sich dabei selber untereinander recht und unrecht geben. Was ich auch nur sage, beschließe, für mich und andere ausdenke: auf jene acht hefte ich die Augen und sehe die ihrigen auf mich geheftet. – Mögen die Lebenden es mir verzeihen, wenn sie mir mitunter wie die Schatten vorkommen, so verblichen und verdrießlich, so unruhig und ach! so lüstern nach Leben: während jene mir dann so leben-

dig scheinen, als ob sie nun, nach dem Tode, nimmermehr lebensmüde werden könnten. *Auf die ewige Lebendigkeit* aber kommt es an: was ist am „ewigen Leben" und überhaupt am Leben gelegen!

II. Der Wanderer und sein Schatten

84

[4] *Die Gefangenen.* – Eines Morgens traten die Gefangenen in den Arbeitshof: der Wärter fehlte. Die einen von ihnen gingen, wie es ihre Art war, sofort an die Arbeit, andere standen müßig und blickten trotzig umher. Da trat einer vor und sagte laut: „Arbeitet so viel ihr wollt oder tut nichts: es ist alles gleich. Eure geheimen Anschläge sind ans Licht gekommen, der Gefängniswärter hat euch neulich belauscht und will in den nächsten Tagen ein fürchterliches Gericht über euch ergehen lassen. Ihr kennt ihn, er ist hart und nachträgerischen Sinnes. Nun aber merkt auf: ihr habt mich bisher verkannt: ich bin nicht, was ich scheine, sondern viel mehr: ich bin der Sohn des Gefängniswärters und gelte alles bei ihm. Ich kann euch retten, ich will euch retten; aber, wohlgemerkt, nur diejenigen von euch, welche mir *glauben,* daß ich der Sohn des Gefängniswärters bin; die übrigen mögen die Früchte ihres Unglaubens ernten." „Nun", sagte nach einigem Schweigen ein älterer Gefangener, „was kann dir daran gelegen sein, ob wir es dir glauben oder nicht glauben? Bist du wirklich der Sohn und vermagst du das, was du sagst, so lege ein gutes Wort für uns alle ein: es wäre wirklich recht gutmütig von dir. Das Gerede von Glauben und Unglauben aber laß beiseite!" „Und", rief ein jüngerer Mann dazwischen, „ich glaub' es ihm auch nicht: er hat sich nur etwas in den Kopf gesetzt. Ich wette, in acht Tagen befinden wir uns gerade noch so hier wie heute, und der Gefängniswärter weiß *nichts.*" „Und wenn er etwas gewußt hat, so weiß er's nicht mehr", sagte der letzte der Gefangenen, der jetzt erst in den Hof hinabkam, „der Gefängniswärter ist eben plötzlich gestorben." – „Holla", schrien mehrere durcheinander, „holla! Herr Sohn, Herr Sohn, wie steht es mit der Erbschaft? Sind wir vielleicht jetzt *deine* Gefangenen?" – „Ich habe es euch gesagt", entgegnete der Angeredete mild, „ich werde jeden freilassen, der an mich glaubt, so gewiß als mein Vater noch lebt." – Die Gefangenen lachten nicht, zuckten aber mit den Achseln und ließen ihn stehen.

Aus: Morgenröte

60

Aller Geist wird endlich leiblich sichtbar. – Das Christentum hat den gesamten Geist zahlloser Unterwerfungslustiger, aller jener feinen und groben Enthusiasten der Demütigung und Anbetung in sich geschlungen, es ist damit aus einer ländlichen Plumpheit – an welche man zum Beispiel bei dem ältesten Bilde des Apostels Petrus stark erinnert wird – eine sehr *geistreiche* Religion geworden, mit Tausenden von Falten, Hintergedanken und Ausflüchten im Gesicht; es hat die Menschheit Europas gewitzigt und nicht nur theologisch verschlagen gemacht. In diesem Geiste und im Bunde mit der Macht und sehr oft mit der tiefsten Überzeugung und Ehrlichkeit der Hingebung hat es vielleicht die feinsten Gestalten der menschlichen Gesellschaft *ausgemeißelt,* die es bisher gegeben hat: die Gestalten der höheren und höchsten katholischen Geistlichkeit, namentlich wenn diese einem vornehmen Geschlecht entsprossen waren und von vornherein angeborene Anmut der Gebärden, herrschende Augen und schöne Hände und Füße hinzubrachten. Hier erreicht das menschliche Antlitz jene Durchgeistigung, die durch die beständige Ebbe und Flut der zwei Arten des Glückes (des Gefühls der Macht und des Gefühls der Ergebung) hervorgebracht wird, nachdem eine ausgedachte Lebensweise das Tier im Menschen gebändigt hat; hier hält eine Tätigkeit, die im Segnen, Sündenvergeben und Repräsentieren der Gottheit besteht, fortwährend das Gefühl einer übermenschlichen Mission in der Seele, *ja auch im Leibe* wach; hier herrscht jene vornehme Verachtung gegen die Gebrechlichkeit von Körper und Wohlfahrt des Glückes, wie sie geborenen Soldaten zu eigen ist; man hat im Gehorchen seinen *Stolz,* was das Auszeichnende aller Aristokraten ausmacht; man hat in der ungeheuren Unmöglichkeit seiner Aufgabe seine Entschuldigung und seine Idealität. Die mächtige Schönheit und Feinheit der Kirchenfürsten hat immerdar für das Volk die *Wahrheit* der Kirche bewiesen; eine zeitweilige Brutalisierung der Geistlichkeit (wie zu Zeiten Luthers) führte immer den Glauben an das Gegenteil mit sich. – Und *dies* Ergebnis menschlicher Schönheit und Feinheit in der Harmonie von Gestalt, Geist und Aufgabe wäre, mit dem Ende der Religionen, auch zu Grabe getragen? Und Höheres ließe sich nicht erreichen, nicht einmal ersinnen?

68

Der erste Christ. – Alle Welt glaubt noch immer an die Schriftstellerei des „heiligen Geistes" oder steht unter der Nachwirkung dieses Glaubens: wenn man die Bibel aufmacht, so geschieht es, um sich zu „erbauen", um in seiner eigenen, persönlichen großen oder kleinen Not einen Fingerzeig des Trostes zu finden – kurz, man liest sich hinein und sich heraus. Daß in ihr auch die Geschichte einer der ehrgeizigsten und aufdringlichsten Seelen und eines ebenso abergläubischen als verschlagenen Kopfes beschrieben steht, die Geschichte des Apostels Paulus, – wer weiß das, einige Gelehrte abgerechnet? Ohne diese merkwürdige Geschichte aber, ohne die Verwirrungen und Stürme eines solchen Kopfes, einer solchen Seele, gäbe es keine Christenheit; kaum würden wir von einer kleinen jüdischen Sekte erfahren haben, deren Meister am Kreuze starb. Freilich: hätte man eben diese Geschichte zur rechten Zeit begriffen, hätte man die Schriften des Paulus nicht als die Offenbarungen des „heiligen Geistes", sondern mit einem redlichen und freien eigenen Geiste, und ohne an alle unsere persönliche Not dabei zu denken, gelesen, *wirklich gelesen* – es gab anderthalb Jahrtausend keinen solchen Leser –, so würde es auch mit dem Christentum längst vorbei sein: so sehr legen diese Blätter des jüdischen Pascal den Ursprung des Christentums bloß, wie die Blätter des französischen Pascal sein Schicksal und das, woran es zugrunde gehen wird, bloßlegen. Daß das Schiff des Christentums einen guten Teil des jüdischen Ballastes über Bord warf, daß es unter die Heiden ging und gehen konnte – das hängt an der Geschichte dieses einen Menschen, eines sehr gequälten, sehr bemitleidenswerten, sehr unangenehmen und sich selber unangenehmen Menschen. Er litt an einer fixen Idee, oder deutlicher: an einer *fixen,* stets gegenwärtigen, nie zur Ruhe kommenden *Frage:* welche Bewandtnis es mit dem jüdischen *Gesetze* habe? und zwar mit der *Erfüllung dieses Gesetzes?* In seiner Jugend hatte er ihm selber genugtun wollen, heißhungrig nach dieser höchsten Auszeichnung, welche die Juden zu denken vermochten, – dieses Volk, welches die Phantasie der sittlichen Erhabenheit höher als irgendein anderes Volk getrieben hat und welchem allein die Schöpfung eines heiligen Gottes, nebst dem Gedanken der Sünde als eines Vergehens an dieser Heiligkeit, gelungen ist. Paulus war zugleich der fanatische Verteidiger und Ehrenwächter dieses Gottes und seines Gesetzes geworden und fortwährend im Kampfe und auf der Lauer gegen die Übertreter und Anzweifler desselben, hart und böse gegen sie und zum Äußersten der Strafen geneigt.

Und nun erfuhr er an sich, daß er – hitzig, sinnlich, melancholisch, bösartig im Haß, wie er war – das Gesetz selber nicht erfüllen *konnte,* ja, was ihm das Seltsamste schien: daß seine ausschweifende Herrschsucht fortwährend gereizt wurde, es zu übertreten, und daß er diesem Stachel nachgeben *mußte.* Ist es wirklich die „Fleischlichkeit", welche ihn immer wieder zum Übertreter macht? Und nicht vielmehr, wie er später argwöhnte, hinter ihr das Gesetz selber, welches sich fortwährend als unerfüllbar beweisen *muß* und mit unwiderstehlichem Zauber zur Übertretung lockt? Aber damals hatte er diesen Ausweg noch nicht. Vielerlei lag ihm auf dem Gewissen – er deutet hin auf Feindschaft, Mord, Zauberei, Bilderdienst, Unzucht, Trunkenheit und Lust an ausschweifenden Gelagen –, und wie sehr er auch diesem Gewissen, und noch mehr seiner Herrschsucht, durch den äußersten Fanatismus der Gesetzesverehrung und -verteidigung wieder Luft zu machen suchte: es kamen Augenblicke, wo er sich sagte: „Es ist alles umsonst! die Marter des unerfüllten Gesetzes ist nicht zu überwinden." Ähnlich mag Luther empfunden haben, als er der vollkommene Mensch des geistlichen Ideals in seinem Kloster werden wollte: und ähnlich wie Luthern, der eines Tages das geistliche Ideal und den Papst und die Heiligen und die ganze Klerisei zu hassen begann, mit einem wahren tödlichen Haß, je weniger er ihn sich eingestehen durfte, – ähnlich erging es Paulus. Das Gesetz war das Kreuz, an welches er sich geschlagen fühlte: wie haßte er es! wie trug er es ihm nach! wie suchte er herum, um ein Mittel zu finden, es zu *vernichten,* – nicht mehr es für seine Person zu erfüllen! Und endlich leuchtete ihm der rettende Gedanke auf, zugleich mit einer Vision, wie es bei diesem Epileptiker nicht anders zugehen konnte: ihm, dem wütenden Eiferer des Gesetzes, der innerlich dessen todmüde war, erschien auf einsamer Straße jener Christus, den Lichtglanz Gottes auf seinem Gesichte, und Paulus hörte die Worte: „Warum verfolgst du *mich?*" Das Wesentliche, was da geschah, ist aber dies: sein *Kopf* war auf einmal hell geworden; „es ist *unvernünftig*", hatte er sich gesagt, „gerade diesen Christus zu verfolgen! Hier ist ja der Ausweg, hier ist ja die vollkommene Rache, hier und nirgends sonst habe und halte ich ja den *Vernichter des Gesetzes!*" Der Kranke des gequältesten Hochmutes fühlt sich mit einem Schlage wieder hergestellt, die moralische Verzweiflung ist wie fortgeblasen, denn die Moral ist fortgeblasen, vernichtet – nämlich *erfüllt,* dort am Kreuze! Bisher hatte ihm jener schmähliche Tod als Hauptargument gegen die „Messianität", von der die Anhänger der neuen Lehre sprachen, gegolten: wie aber, wenn er *nötig* war, um das Gesetz *abzutun!* – Die ungeheuren Folgen dieses Einfalls, dieser Rätsellösung wirbeln vor seinem Blicke, er wird mit einem Male der glücklichste Mensch – das Schicksal der Juden, nein, aller Menschen scheint ihm an diesen Einfall, an diese Sekunde seines plötzlichen Aufleuchtens gebunden, er hat den Gedanken der Gedanken, den Schlüssel der Schlüssel, das Licht der Lichter; um ihn selber dreht sich fürderhin die Geschichte! Denn er ist von jetzt ab der Lehrer der *Vernichtung des Gesetzes!* Dem Bösen absterben – das heißt, auch dem Gesetz absterben; im Fleische sein – das heißt, auch im Gesetze sein! Mit Christus Eins geworden – das heißt, auch mit ihm der Vernichter des Gesetzes geworden; mit ihm gestorben – das heißt, auch dem Gesetze abgestorben! Selbst wenn es noch möglich wäre, zu sündigen, so doch nicht mehr gegen das Gesetz, „ich bin außerhalb desselben". „Wenn ich jetzt das Gesetz wieder aufnehmen und mich unterwerfen wollte, so würde ich Christus zum Mithelfer der Sünde machen"; denn das Gesetz war dazu da, daß gesündigt werde, es trieb die Sünde immer hervor, wie ein scharfer Saft die Krankheit; Gott hätte den Tod Christi nie beschließen können, wenn überhaupt ohne diesen Tod eine Erfüllung des Gesetzes möglich gewesen wäre; jetzt ist nicht nur alle Schuld abgetragen, sondern die Schuld an sich vernichtet; jetzt ist das Gesetz tot, jetzt ist die Fleischlichkeit, in der es wohnt, tot – oder wenigstens in fortwährendem Absterben, gleichsam verwesend. Noch kurze Zeit inmitten dieser Verwesung! – das ist das Los des Christen, bevor er, Eins geworden mit Christus, aufersteht mit Christus, an der göttlichen Herrlichkeit teilnimmt mit Christus und „Gottes Sohn" wird gleich Christus. – Damit ist der Rausch des Paulus auf seinem Gipfel, und ebenfalls die Zudringlichkeit seiner Seele, – mit dem Gedanken des Einswerdens ist jede Scham, jede Unterordnung, jede Schranke von ihr genommen, und der unbändige Wille der Herrschsucht offenbart sich als ein vorwegnehmendes Schwelgen in *göttlichen* Herrlichkeiten. – Dies ist der *erste Christ,* der Erfinder der Christlichkeit! Bis dahin gab es nur einige jüdische Sektierer. –

71

Die christliche Rache an Rom. – Nichts ermüdet vielleicht so sehr als der Anblick eines beständigen Siegers, – man hatte Rom zweihundert Jahre lang ein Volk nach dem andern sich unterwerfen sehen, der Kreis war umspannt, alle Zukunft schien am Ende, alle Dinge wurden auf einen ewigen Zustand eingerichtet – ja, wenn das Reich *baute,* so baute man mit dem Hintergedanken des „aere perennius"; – wir, die wir nur die „Melancholie der Ruinen" kennen, können kaum jene ganz andersartige *Melancholie der ewigen Bauten* verstehen, gegen welche man sich zu retten suchen mußte, wie es gehen wollte, – zum Beispiel mit dem Leichtsinne Horazens. Andere suchten andere Trostmittel gegen die an Verzweiflung grenzende Müdigkeit, gegen das tötende Bewußtsein, daß alle Gedanken- und Herzensgänge nunmehr ohne Hoffnung seien, daß überall die große Spinne sitze, daß sie unerbittlich alles Blut trinken werde, wo es auch noch quelle. – Dieser jahrhundertealte wortlose Haß der ermüdeten Zuschauer gegen Rom, so weit nur Rom herrschte, entlud sich endlich im *Christentume,* indem es Rom, die „Welt" und die „Sünde" in eine Empfindung zusammenfaßte: man rächte sich an ihm, indem man den plötzlichen Untergang der Welt sich in der Nähe dachte; man rächte sich an ihm, indem man wieder eine Zukunft vor sich stellte – Rom hatte alles zu *seiner* Vorgeschichte und Gegenwart zu machen gewußt – und eine Zukunft, in Vergleich zu welcher Rom nicht mehr als das Wichtigste erschien; man rächte sich an ihm, indem man vom letzten *Gericht* träumte, – und der gekreuzigte Jude als Symbol des Heils war der tiefste Spott auf die prachtvollen römischen Prätoren in der Provinz, denn nun erschienen sie als die Symbole des Unheils und der zum Untergang reifen „Welt".

78

Die strafende Gerechtigkeit. – Unglück und Schuld – diese beiden Dinge sind durch das Christentum auf eine Waage gesetzt worden: so daß, wenn das Unglück groß ist, das auf eine Schuld folgt, jetzt immer noch unwillkürlich die Größe der Schuld selber danach zurückbemessen wird. Dies aber ist nicht *antik,* und deshalb gehört die griechische Tragödie, in der so reichlich und doch in so anderem Sinne von Unglück und Schuld die Rede ist, zu den großen Befreierinnen des Gemüts, in einem Maße, wie es die Alten selber nicht empfinden konnten. Sie waren so harmlos geblieben, zwischen Schuld und Unglück keine „adäquate Relation" anzusetzen. Die Schuld ihrer tragischen Heroen ist wohl der kleine Stein, über welchen diese stolpern und deswegen sie wohl den Arm brechen oder sich ein Auge ausschlagen; die antike Emfindung sagte dazu: „Ja, er hätte etwas bedachtsamer und weniger übermütig seinen Weg machen sollen!" Aber erst dem Christentum war es vorbehalten, zu sagen: „Hier ist ein schweres Unglück, und hinter ihm *muß* eine schwere, *gleichschwere Schuld* verborgen liegen, ob wir sie schon nicht deutlich sehen! Empfindest du Unglücklicher nicht so, so bist du *verstockt,* – du wirst noch Schlimmeres zu erleben haben!" – Sodann gab es im Altertum wirklich noch Unglück, reines, unschuldiges Unglück; erst im Christentum wird alles Strafe, wohlverdiente Strafe: es macht die Phantasie des Leidenden auch noch leidend, so daß er bei allem Übel-Ergehen sich moralisch verwerflich und verworfen fühlt. Arme Menschheit! – Die Griechen haben ein eigenes Wort für die Empörung über das Unglück des andern: dieser Affekt war unter christlichen Völkern unstatthaft und hat sich wenig entwickelt, und so fehlt ihnen auch der Name für diesen *männlicheren* Bruder des Mitleidens.

92

Am Sterbebette des Christentums. – Die wirklich aktiven Menschen sind jetzt innerlich ohne Christentum, und die mäßigeren und betrachtsameren Menschen des geistigen Mittelstandes besitzen nur noch ein zurechtgemachtes, nämlich ein wunderlich *vereinfachtes* Christentum. Ein Gott, der in seiner Liebe alles so fügt, wie es uns schließlich am besten sein wird, ein Gott, der uns unsere Tugend wie unser Glück gibt und nimmt, so daß es im ganzen immer recht und gut zugeht und kein Grund bleibt, das Leben schwer zu nehmen oder gar zu verklagen, kurz, die Resignation und Bescheidenheit zur Gottheit erhoben, – das ist das Beste und Lebendigste, was vom Christentum noch übrig geblieben ist. Aber man sollte doch merken, daß damit das Christentum in einen sanften *Moralismus* übergetreten ist: nicht sowohl „Gott, Freiheit und Unsterblichkeit" sind übrig geblieben, als Wohlwollen und anständige Gesinnung und der Glaube, daß auch im ganzen All Wohlwollen und anständige Gesinnung herrschen werden: es ist die *Euthanasie* des Christentums.

96

[5] *„In hoc signo vinces."* – So vorgeschritten Europa auch sonst sein mag: in religiösen Dingen hat es noch nicht die freisinnige Naivität der alten Brahmanen erreicht, zum Zeichen, daß in Indien vor vier Jahrtausenden mehr gedacht wurde und mehr Lust am Denken vererbt zu werden pflegte, als jetzt unter uns. Jene Brahmanen nämlich glaubten erstens, daß die Priester mächtiger seien als die Götter, und zweitens, daß die Bräuche es seien, worin die Macht der Priester begriffen liege: weshalb ihre Dichter nicht müde wurden, die Bräuche (Gebete, Zeremonien, Opfer, Lieder, Metren) als die eigentlichen Geber alles Guten zu preisen. Wieviel

Dichterei und Aberglaube hier auch immer dazwischengelaufen sein mag: die Sätze sind *wahr!* Einen Schritt weiter: und man warf die Götter beiseite, – was Europa auch einmal tun muß! Noch einen Schritt weiter: und man hatte auch die Priester und Vermittler nicht mehr nötig, und der Lehrer der *Religion der Selbsterlösung,* Buddha, trat auf: – wie ferne ist Europa noch von dieser Stufe der Kultur! Wenn endlich auch alle Bräuche und Sitten vernichtet sind, auf welche die Macht der Götter, der Priester und Erlöser sich stützt, wenn also die Moral im alten Sinne gestorben sein wird: dann kommt – ja was kommt dann? Doch raten wir nicht herum, sondern sehen wir zunächst zu, daß Europa nachholt, was in Indien, unter dem Volke der Denker, schon vor einigen Jahrtausenden als Gebot des Denkens getan wurde! Es gibt jetzt vielleicht zehn bis zwanzig Millionen Menschen unter den verschiedenen Völkern Europas, welche nicht mehr „an Gott glauben", – ist es zu viel gefordert, daß sie einander *ein Zeichen geben?* Sobald sie sich derartig *erkennen,* werden sie sich auch zu erkennen geben, – sie werden sofort eine *Macht* in Europa sein und, glücklicherweise, eine Macht *zwischen* den Völkern! Zwischen den Ständen! Zwischen Arm und Reich! Zwischen Befehlenden und Unterworfenen! Zwischen den unruhigsten und den ruhigsten, beruhigendsten Menschen!

Aus: Die fröhliche Wissenschaft

37

Aus drei Irrtümern. – Man hat in den letzten Jahrhunderten die Wissenschaft gefördert, teils weil man mit ihr und durch sie Gottes Güte und Weisheit am besten zu verstehen hoffte – das Hauptmotiv in der Seele der großen Engländer (wie Newton) –, teils weil man an die absolute Nützlichkeit der Erkenntnis glaubte, namentlich an den innersten Verband von Moral, Wissen und Glück – das Hauptmotiv in der Seele der großen Franzosen (wie Voltaire) –, teils weil man in der Wissenschaft etwas Selbstloses, Harmloses, Sich-selber-Genügendes, wahrhaft Unschuldiges zu haben und zu lieben meinte, an dem die bösen Triebe des Menschen überhaupt nicht beteiligt seien, – das Hauptmotiv in der Seele Spinozas, der sich als Erkennender göttlich fühlte: – also aus drei Irrtümern!

108

[6] *Neue Kämpfe.* – Nachdem Buddha tot war, zeigte man noch jahrhundertelang seinen Schatten in einer Höhle – einen ungeheuren schauerlichen Schatten. Gott ist tot: aber so wie die Art der Menschen ist, wird es vielleicht noch jahrtausendelang Höhlen geben, in denen man seinen Schatten zeigt. – Und wir – wir müssen auch noch seinen Schatten besiegen!

125

[7] *Der tolle Mensch.* – Habt ihr nicht von jenem tollen Menschen gehört, der am hellen Vormittage eine Laterne anzündete, auf den Markt lief und unaufhörlich schrie: „Ich suche Gott! Ich suche Gott!" – Da dort gerade viele von denen zusammen standen, welche nicht an Gott glaubten, so erregte er ein großes Gelächter. Ist er denn verloren gegangen? sagte der eine. Hat er sich verlaufen wie ein Kind? sagte der andere. Oder hält er sich versteckt? Fürchtet er sich vor uns? Ist er zu Schiff gegangen? ausgewandert? – so schrien und lachten sie durcheinander. Der tolle Mensch sprang mitten unter sie und durchbohrte sie mit seinen Blicken. „Wohin ist Gott?" rief er, „ich will es euch sagen! *Wir haben ihn getötet* – ihr und ich! Wir alle sind seine Mörder! Aber wie haben wir dies gemacht? Wie vermochten wir das Meer auszutrinken? Wer gab uns den Schwamm, um den ganzen Horizont wegzuwischen? Was taten wir, als wir diese Erde von ihrer Sonne losketteten? Wohin bewegt sie sich nun? Wohin bewegen wir uns? Fort

von allen Sonnen? Stürzen wir nicht fortwährend? Und rückwärts, seitwärts, vorwärts, nach allen Seiten? Gibt es noch ein Oben und ein Unten? Irren wir nicht wie durch ein unendliches Nichts? Haucht uns nicht der leere Raum an? Ist es nicht kälter geworden? Kommt nicht immerfort die Nacht und mehr Nacht? Müssen nicht Laternen am Vormittage angezündet werden? Hören wir noch nichts von dem Lärm der Totengräber, welche Gott begraben? Riechen wir noch nichts von der göttlichen Verwesung? – auch Götter verwesen! Gott ist tot! Gott bleibt tot! Und wir haben ihn getötet! Wie trösten wir uns, die Mörder aller Mörder? Das Heiligste und Mächtigste, was die Welt bisher besaß, es ist unter unsern Messern verblutet, – wer wischt dies Blut von uns ab? Mit welchem Wasser könnten wir uns reinigen? Welche Sühnfeiern, welche heilige Spiele werden wir erfinden müssen? Ist nicht die Größe dieser Tat zu groß für uns? Müssen wir nicht selber zu Göttern werden, um nur ihrer würdig zu erscheinen? Es gab nie eine größere Tat – und wer nur immer nach uns geboren wird, gehört um dieser Tat willen in eine höhere Geschichte, als alle Geschichte bisher war!" – Hier schwieg der tolle Mensch und sah wieder seine Zuhörer an: auch sie schwiegen und blickten befremdet auf ihn. Endlich warf er seine Laterne auf den Boden, daß sie in Stücke sprang und erlosch. „Ich komme zu früh", sagte er dann, „ich bin noch nicht an der Zeit. Dies ungeheure Ereignis ist noch unterwegs und wandert – es ist noch nicht bis zu den Ohren der Menschen gedrungen. Blitz und Donner brauchen Zeit, das Licht der Gestirne braucht Zeit, Taten brauchen Zeit, auch nachdem sie getan sind, um gesehn und gehört zu werden. Diese Tat ist ihnen immer noch ferner als die fernsten Gestirne – *und doch haben sie dieselbe getan!*" – Man erzählt noch, daß der tolle Mensch desselbigen Tages in verschiedene Kirchen eingedrungen sei und darin sein Requiem aeternam deo angestimmt habe. Hinausgeführt und zur Rede gesetzt, habe er immer nur dies entgegnet: „Was sind denn diese Kirchen noch, wenn sie nicht die Grüfte und Grabmäler Gottes sind?"

135

Herkunft der Sünde. – Sünde, so wie sie jetzt überall empfunden wird, wo das Christentum herrscht oder einmal geherrscht hat: „Sünde" ist ein jüdisches Gefühl und eine jüdische Erfindung, und in Hinsicht auf diesen Hintergrund aller christlichen Moralität war in der Tat das Christentum darauf aus, die ganze Welt zu „verjüdeln". Bis zu welchem Grade ihm dies in Europa gelungen ist, das spürt man am feinsten an dem Grade von Fremdheit, den das griechische Altertum – eine Welt ohne Sündengefühle – immer noch für unsre Empfindung hat, trotz allem guten Willen zur Annäherung und Einverleibung, an dem es ganze Geschlechter und viele ausgezeichnete einzelne nicht haben fehlen lassen. „Nur wenn du *bereuest,* ist Gott dir gnädig" – das ist einem Griechen ein Gelächter und ein Ärgernis; er würde sagen „so mögen Sklaven empfinden". Hier ist ein Mächtiger, Übermächtiger und doch Rachelustiger vorausgesetzt: seine Macht ist so groß, daß ihm ein Schaden überhaupt nicht zugefügt werden kann außer in dem Punkte der Ehre. Jede Sünde ist eine Respekts-Verletzung, ein crimen laesae majestatis divinae – und nichts weiter! Zerknirschung, Entwürdigung, Sich-im-Staube-Wälzen – das ist die erste und letzte Bedingung, an die seine Gnade sich knüpft: Wiederherstellung also seiner göttlichen Ehre! Ob mit der Sünde sonst Schaden gestiftet wird, ob ein tiefes, wachsendes Unheil mit ihr gepflanzt ist, das einen Menschen nach dem andern wie eine Krankheit faßt und würgt – das läßt diesen ehrsüchtigen Orientalen im Himmel unbekümmert: Sünde ist ein Vergehen an ihm, nicht an der Menschheit! – wem er seine Gnade geschenkt hat, dem schenkt er auch diese Unbekümmertheit um die natürlichen Folgen der Sünde. Gott und Menschheit sind hier so getrennt, so entgegengesetzt gedacht, daß im Grunde an letzterer überhaupt nicht gesündigt werden kann – jede Tat soll *nur auf ihre übernatürlichen Folgen hin* angesehen werden, nicht auf ihre natürlichen: so will es das jüdische Gefühl, dem alles Natürliche das Unwürdige an sich ist. Den *Griechen* dagegen lag der Gedanke näher, daß auch der Frevel Würde haben könne – selbst der Diebstahl, wie bei Prometheus, selbst die Abschlachtung von Vieh als Äußerung eines wahnsinnigen Neides, wie bei Ajax: sie haben in ihrem Bedürfnis, dem Frevel Würde anzudichten und einzuverleiben, die *Tragödie* erfunden – eine Kunst und eine Lust, die dem Juden trotz aller seiner dichterischen Begabung und Neigung zum Erhabnen im tiefsten Wesen fremd geblieben ist.

138

Der Irrtum Christi. – Der Stifter des Christentums meinte, an nichts litten die Menschen so sehr, als an ihren Sünden: – es war sein Irrtum, der Irrtum dessen, der sich ohne Sünde fühlte, dem es hierin an Erfahrung gebrach! So füllte sich seine Seele mit jenem wundervollen phantastischen Erbarmen, das eine Not galt, welche selbst bei seinem Volke, dem Erfinder der Sünde, selten eine große

Not war! – Aber die Christen haben es verstanden, ihrem Meister nachträglich Recht zu schaffen und seinen Irrtum zur „Wahrheit" zu heiligen.

152

Die größte Veränderung. – Die Beleuchtung und die Farben aller Dinge haben sich verändert! Wir verstehen nicht mehr ganz, wie die alten Menschen das Nächste und Häufigste empfanden – zum Beispiel den Tag und das Wachen: dadurch, daß die Alten an Träume glaubten, hatte das wache Leben andere Lichter. Und ebenso das ganze Leben, mit der Zurückstrahlung des Todes und seiner Bedeutung: unser „Tod" ist ein ganz andrer Tod. Alle Erlebnisse leuchteten anders, denn ein Gott glänzte aus ihnen; alle Entschlüsse und Aussichten auf die ferne Zukunft ebenfalls: denn man hatte Orakel und geheime Winke und glaubte an die Vorhersagung. „Wahrheit" wurde anders empfunden, denn der Wahnsinnige konnte ehemals als ihr Mundstück gelten – was *uns* schaudern oder lachen macht. Jedes Unrecht wirkte anders auf das Gefühl: denn man fürchtete eine göttliche Vergeltung und nicht nur eine bürgerliche Strafe und Entehrung. Was war die Freude in der Zeit, als man an den Teufel und den Versucher glaubte! Was die Leidenschaft, wenn man die Dämonen in der Nähe lauern sah! Was die Philosophie, wenn der Zweifel als Versündigung der gefährlichsten Art gefühlt wurde, und zwar als ein Frevel an der ewigen Liebe, als Mißtrauen gegen alles, was gut, hoch, rein und erbarmend war! – Wir haben die Dinge neu gefärbt, wir malen immerfort an ihnen – aber was vermögen wir einstweilen gegen die *Farbenpracht* jener alten Meisterin! – ich meine die alte Menschheit.

179

Gedanken. – Gedanken sind die Schatten unserer Empfindungen, – immer dunkler, leerer, einfacher, als diese.

270

Was sagt dein Gewissen? – „Du sollst der werden, der du bist."

271

Wo liegen deine größten Gefahren? – Im Mitleiden.

272

Was liebst du an anderen? – Meine Hoffnungen.

Der du mit dem Flammenspeere
Meiner Seele Eis zerteilt,
Daß sie brausend nun zum Meere
Ihrer höchsten Hoffnung eilt:
Heller stets und stets gesunder,
Frei im liebevollsten Muß: –
Also preist sie deine Wunder,
Schönster Januarius!

276

[8] *Zum neuen Jahre.* – Noch lebe ich, noch denke ich: ich muß noch leben, denn ich muß noch denken. Sum, ergo cogito: cogito, ergo sum. Heute erlaubt sich jedermann, seinen Wunsch und liebsten Gedanken auszusprechen: nun, so will auch ich sagen, was ich mir heute von mir selber wünschte und welcher Gedanke mir dieses Jahr zuerst über das Herz lief – welcher Gedanke mir Grund, Bürgschaft und Süßigkeit alles weiteren Lebens sein soll! Ich will immer mehr lernen, das Notwendige an den Dingen als das Schöne sehen – : so werde ich einer von denen sein, welche die Dinge schön machen. Amor fati: das sei von nun an meine Liebe! Ich will keinen Krieg gegen das Häßliche führen. Ich will nicht anklagen, ich will nicht einmal die Ankläger anklagen. *Wegsehen* sei meine einzige Verneinung! Und, alles in allem und großen: ich will irgendwann einmal nur noch ein Ja-Sagender sein!

278

Der Gedanke an den Tod. – Es macht mir ein melancholisches Glück, mitten in diesem Gewirr der Gäßchen, der Bedürfnisse, der Stimmen zu leben: wieviel Genießen, Ungeduld, Begehren, wieviel durstiges Leben und Trunkenheit des Lebens kommt da jeden Augenblick an den Tag! Und doch wird es für alle diese Lärmenden, Lebenden, Lebensdurstigen bald so stille sein! Wie steht hinter jedem sein Schatten, sein dunkler Weggefährte! Es ist immer wie im letzten Augenblick vor der Abfahrt eines Auswandererschiffes: man hat einander mehr zu sagen als je, die Stunde drängt, der Ozean und sein ödes Schweigen wartet ungeduldig hinter alle dem Lärme – so begierig, so sicher seiner Beute! Und alle, alle meinen, das Bisher sei nichts oder wenig, die nahe Zukunft sei alles: und daher diese Hast, dies Geschrei, dieses Sich-Übertäuben und Sich-Übervorteilen! Jeder will der Erste in dieser Zukunft sein –

und doch ist Tod und Totenstille das einzig Sichere und das allen Gemeinsame dieser Zukunft! Wie seltsam, daß diese einzige Sicherheit und Gemeinsamkeit fast gar nichts über die Menschen vermag und daß sie *am weitesten* davon entfernt sind, sich als die Brüderschaft des Todes zu fühlen! Es macht mich glücklich, zu sehen, daß die Menschen den Gedanken an den Tod durchaus nicht denken wollen! Ich möchte gern etwas dazu tun, ihnen den Gedanken an das Leben noch hundertmal *denkenswerter* zu machen.

279

[9] *Sternenfreundschaft.* – Wir waren Freunde und sind uns fremd geworden. Aber das ist recht so, und wir wollen's uns nicht verhehlen und verdunkeln, als ob wir uns dessen zu schämen hätten. Wir sind zwei Schiffe, deren jedes sein Ziel und seine Bahn hat; wir können uns wohl kreuzen und ein Fest miteinander feiern, wie wir es getan haben, – und dann lagen die braven Schiffe so ruhig in einem Hafen und in einer Sonne, daß es scheinen mochte, sie seien schon am Ziele und hätten ein Ziel gehabt. Aber dann trieb uns die allmächtige Gewalt unserer Aufgabe wieder auseinander, in verschiedene Meere und Sonnenstriche, und vielleicht sehen wir uns nie wieder – vielleicht auch sehen wir uns wohl, aber erkennen uns nicht wieder: die verschiedenen Meere und Sonnen haben uns verändert! Daß wir uns fremd werden mußten, ist das Gesetz *über* uns: ebendadurch sollen wir uns auch ehrwürdiger werden! Ebendadurch soll der Gedanke an unsere ehemalige Freundschaft heiliger werden! Es gibt wahrscheinlich eine ungeheure unsichtbare Kurve und Sternenbahn, in der unsere so verschiedenen Straßen und Ziele als kleine Wegstrecken *einbegriffen* sein mögen, – erheben wir uns zu diesem Gedanken! Aber unser Leben ist zu kurz und unsere Sehkraft zu gering, als daß wir mehr als Freude im Sinne jener erhabenen Möglichkeit sein könnten. – Und so wollen wir an unsere Sternenfreundschaft *glauben,* selbst wenn wir einander Erdenfeinde sein müßten.

283

Vorbereitende Menschen. – Ich begrüße alle Anzeichen dafür, daß ein männlicheres, ein kriegerisches Zeitalter anhebt, das vor allem die Tapferkeit wieder zu Ehren bringen wird! Denn es soll einem noch höheren Zeitalter den Weg bahnen und die Kraft einsammeln, welche jenes einmal nötig haben wird – jenes Zeitalter, das den Heroismus in die Erkenntnis trägt und *Kriege führt* um der

Gedanken und ihrer Folgen willen. Dazu bedarf es für jetzt vieler vorbereitender, tapferer Menschen, welche doch nicht aus dem Nichts entspringen können – und ebensowenig aus dem Sand und Schleim der jetzigen Zivilisation und Großstadtbildung: Menschen, welche es verstehen, schweigend, einsam, entschlossen, in unsichtbarer Tätigkeit zufrieden und beständig zu sein: Menschen, die mit innerlichem Hange an allen Dingen nach dem suchen, was an ihnen *zu überwinden* ist: Menschen, denen Heiterkeit, Geduld, Schlichtheit und Verachtung der großen Eitelkeiten ebenso zu eigen ist, als Großmut im Siege und Nachsicht gegen die kleinen Eitelkeiten aller Besiegten: Menschen mit einem scharfen und freien Urteil über alle Sieger und über den Anteil des Zufalls an jedem Siege und Ruhme: Menschen mit eigenen Festen, eignen Werktagen, eigenen Trauerzeiten, gewohnt und sicher im Befehlen und gleich bereit, wo es gilt, zu gehorchen, im einen wie im andern gleich stolz, gleich ihrer eigenen Sache dienend: gefährdetere Menschen, fruchtbarere Menschen, glücklichere Menschen! Denn, glaubt es mir! – das Geheimnis, um die größte Fruchtbarkeit und den größten Genuß vom Dasein einzuernten, heißt: *gefährlich leben!* Baut eure Städte an den Vesuv: Schickt eure Schiffe in unerforschte Meere! Lebt im Kriege mit euresgleichen und mit euch selber! Seid Räuber und Eroberer, so lange ihr nicht Herrscher und Besitzer sein könnt, ihr Erkennenden! Die Zeit geht bald vorbei, wo es euch genug sein durfte, gleich scheuen Hirschen in Wäldern versteckt zu leben! Endlich wird die Erkenntnis die Hand nach dem ausstrecken, was ihr gebührt: – sie wird *herrschen* und *besitzen* wollen, und ihr mit ihr!

285

[10] *Excelsior!* – „Du wirst niemals mehr beten, niemals mehr anbeten, niemals mehr im endlosen Vertrauen ausruhen – du versagst es dir, vor einer letzten Weisheit, letzten Güte, letzten Macht stehenzubleiben und deine Gedanken abzuschirren – du hast keinen fortwährenden Wächter und Freund für deine sieben Einsamkeiten – du lebst ohne den Ausblick auf ein Gebirge, das Schnee auf dem Haupte und Gluten in seinem Herzen trägt, – es gibt für dich keinen Vergelter, keinen Verbesserer letzter Hand mehr – es gibt keine Vernunft in dem mehr, was geschieht, keine Liebe in dem, was dir geschehen wird, – deinem Herzen steht keine Ruhestatt mehr offen, wo es nur zu finden und nicht mehr zu suchen hat, – du wehrst dich gegen irgendeinen letzten Frieden, du willst die ewige Wiederkehr von Krieg und Frieden: –

Mensch der Entsagung, in alledem willst du entsagen? Wer wird dir die Kraft dazu geben? Noch hatte niemand diese Kraft!" – Es gibt einen See, der es sich eines Tages versagte, abzufließen, und einen Damm dort aufwarf, wo er bisher abfloß: seitdem steigt dieser See immer höher. Vielleicht wird gerade jene Entsagung uns auch die Kraft verleihen, mit der die Entsagung selber ertragen werden kann; vielleicht wird der Mensch von da an immer höher steigen, wo er nicht mehr in einen Gott *ausfließt.*

301

Wahn der Kontemplativen. – Die hohen Menschen unterscheiden sich von den niederen dadurch, daß sie unsäglich mehr sehen und hören und *denkend* sehen und hören – und eben dies unterscheidet den Menschen vom Tiere und die oberen Tiere von den unteren. Die Welt wird für den immer voller, welcher in die Höhe der Menschlichkeit hinauf wächst; es werden immer mehr Angelhaken des Interesses nach ihm ausgeworfen: die Menge seiner Reize ist beständig im Wachsen und ebenso die Menge seiner Arten von Lust und Unlust – der höhere Mensch wird immer zugleich glücklicher und unglücklicher. Dabei aber bleibt ein *Wahn* sein beständiger Begleiter: er meint, als *Zuschauer* und *Zuhörer* vor das große Schau- und Tonspiel gestellt zu sein, welches das Leben ist: er nennt seine Natur eine *kontemplative* und übersieht dabei, daß er selber auch der eigentliche Dichter und Fortdichter des Lebens ist, – daß er sich freilich vom *Schauspieler* dieses Dramas, dem sogenannten handelnden Menschen, sehr unterscheidet, aber noch mehr von einem bloßen Betrachter und Festgaste *vor* der Bühne. Ihm, als dem Dichter, ist gewiß vis contemplativa und der Rückblick auf sein Werk zu eigen, aber zugleich und vorerst die vis creativa, welche dem handelnden Menschen *fehlt,* was auch der Augenschein und der Allerweltsglaube sagen mag. Wir, die Denkend-Empfindenden, sind es, die wirklich und immerfort etwas *machen,* das noch nicht da ist: die ganze ewig wachsende Welt von Schätzungen, Farben, Gewichten, Perspektiven, Stufenleitern, Bejahungen und Verneinungen. Diese von uns erfundene Dichtung wird fortwährend von den sogenannten praktischen Menschen (unseren Schaupsielern wie gesagt) eingelernt, eingeübt, in Fleisch und Wirklichkeit, ja Alltäglichkeit übersetzt. Was nur *Wert* hat in der jetzigen Welt, das hat ihn nicht an sich, seiner Natur nach – die Natur ist immer wertlos –: sondern dem hat man einen Wert einmal gegeben, geschenkt und *wir* waren diese Gebenden und Schenkenden! Wir erst haben die Welt, *die den Menschen etwas angeht*, geschaffen! – Gerade dieses Wissen aber fehlt uns, und wenn wir es einen Augenblick einmal erhaschen, so haben wir es im nächsten wieder vergessen: wir verkennen unsre beste Kraft und schätzen uns, die Kontemplativen, um einen Grad zu gering – wir sind *weder so stolz noch so glücklich,* als wir sein könnten.

341

Das größte Schwergewicht. – Wie, wenn dir eines Tages oder Nachts ein Dämon in deine einsamste Einsamkeit nachschliche und dir sagte: „Dieses Leben, wie du es jetzt lebst und gelebt hast, wirst du noch einmal und noch unzählige Male leben müssen; und es wird nichts Neues daran sein, sondern jeder Schmerz und jede Lust und jeder Gedanke und Seufzer und alles unsäglich Kleine und Große deines Lebens muß dir wiederkommen, und alles in derselben Reihe und Folge – und ebenso diese Spinne und dieses Mondlicht zwischen den Bäumen, und ebenso dieser Augenblick und ich selber. Die ewige Sanduhr des Daseins wird immer wieder umgedreht – und du mit ihr, Stäubchen vom Staube!" – Würdest du dich nicht niederwerfen und mit den Zähnen knirschen und den Dämon verfluchen, der so redete? Oder hast du einmal einen ungeheuren Augenblick erlebt, wo du ihm antworten würdest: „Du bist ein Gott und nie hörte ich Göttlicheres!" Wenn jener Gedanke über dich Gewalt bekäme, er würde dich, wie du bist, verwandeln und vielleicht zermalmen; die Frage bei allem und jedem „Willst du dies noch einmal und noch unzählige Male!" würde als das größte Schwergewicht auf deinem Handeln liegen! Oder wie müßtest du dir selber und dem Leben gut werden, um nach nichts *mehr zu verlangen* als nach dieser letzten ewigen Bestätigung und Besiegelung?

342

Incipit tragoedia. – Als Zarathustra dreißig Jahr alt war, verließ er seine Heimat und den See Urmi und ging in das Gebirge. Hier genoß er seines Geistes und seiner Einsamkeit und wurde dessen zehn Jahre nicht müde. Endlich aber verwandelte sich sein Herz – und eines Morgens stand er mit der Morgenröte auf, trat vor die Sonne hin und sprach zu ihr also: „Du großes Gestirn! Was wäre dein Glück, wenn du nicht die hättest, welchen du leuchtetest! Zehn Jahre kamst du hier herauf zu meiner Höhle: du würdest deines Lichtes und dieses Weges satt geworden sein, ohne mich, meinen Adler und meine Schlange; aber wir warteten deiner an jedem

Morgen, nahmen dir deinen Überfluß ab und segneten dich dafür. Siehe! Ich bin meiner Weisheit überdrüssig, wie die Biene, die des Honigs zuviel gesammelt hat, ich bedarf der Hände, die sich ausstrecken, ich möchte verschenken und austeilen, bis die Weisen unter den Menschen wieder einmal ihrer Torheit und die Armen wieder einmal ihres Reichtums froh geworden sind. Dazu muß ich in die Tiefe steigen: wie du des Abends tust, wenn du hinter das Meer gehst und noch der Unterwelt Licht bringst, du überreiches Gestirn! – ich muß, gleich dir, *untergehen,* wie die Menschen es nennen, zu denen ich hinab will. So segne mich denn, du ruhiges Auge, das ohne Neid auch ein allzu großes Glück sehen kann! Segne den Becher, welcher überfließen will, daß das Wasser golden aus ihm fließe und überallhin den Abglanz deiner Wonne trage! Siehe! Dieser Becher will wieder leer werden, und Zarathustra will wieder Mensch werden." – Also begann Zarathustras Untergang.

V. Wir Furchtlosen

343

[11] *Was es mit unsrer Heiterkeit auf sich hat.* – Das größte neuere Ereignis – daß „Gott tot ist", daß der Glaube an den christlichen Gott unglaubwürdig geworden ist – beginnt bereits seine ersten Schatten über Europa zu werfen. Für die wenigen wenigstens, deren Augen, deren *Argwohn* in den Augen stark und fein genug für dies Schauspiel ist, scheint eben irgendeine Sonne untergegangen, irgendein altes, tiefes Vertrauen in Zweifel umgedreht: ihnen muß unsre alte Welt täglich abendlicher, mißtrauischer, fremder, „älter" scheinen. In der Hauptsache aber darf man sagen: das Ereignis selbst ist viel zu groß, zu fern, zu abseits vom Fassungsvermögen vieler, als daß auch nur seine Kunde schon *angelangt* heißen dürfte; geschweige denn, daß viele bereits wüßten, *was* eigentlich sich damit begeben hat – und was alles, nachdem dieser Glaube untergraben ist, nunmehr einfallen muß, weil es auf ihm gebaut, an ihn gelehnt, in ihn hineingewachsen war: zum Beispiel unsre ganze europäische Moral. Diese lange Fülle und Folge von Abbruch, Zerstörung, Untergang, Umsturz, die nun bevorsteht: wer erriete heute schon genug davon, um den Lehrer und Vorausverkünder dieser ungeheuren Logik von Schrecken abgeben zu müssen, den Propheten einer Verdüsterung und Sonnenfinsternis, derengleichen es wahrscheinlich noch nicht auf Erden gegeben

hat? ... Selbst wir geborenen Rätselrater, die wir gleichsam auf den Bergen warten, zwischen Heute und Morgen hingestellt und in den Widerspruch zwischen Heute und Morgen hineingespannt, wir Erstlinge und Frühgeburten des kommenden Jahrhunderts, denen eigentlich die Schatten, welche Europa alsbald einwickeln müssen, jetzt schon zu Gesicht gekommen sein *sollten:* woran liegt es doch, daß selbst wir ohne rechte Teilnahme für diese Verdüsterung, vor allem ohne Sorge und Furcht für *uns,* ihrem Heraufkommen entgegensehn? Stehen wir vielleicht zu sehr noch unter den *nächsten Folgen* dieses Ereignisses – und diese nächsten Folgen, seine Folgen für *uns* sind, umgekehrt als man vielleicht erwarten könnte, durchaus nicht traurig und verdüsternd, vielmehr wie eine neue schwer zu beschreibende Art von Licht, Glück, Erleichterung, Erheiterung, Ermutigung, Morgenröte ... In der Tat, wir Philosophen und „freien Geister" fühlen uns bei der Nachricht, daß der „alte Gott tot" ist, wie von einer neuen Morgenröte angestrahlt; unser Herz strömt dabei über von Dankbarkeit, Erstaunen, Ahnung, Erwartung, – endlich erscheint uns der Horizont wieder frei, gesetzt selbst, daß er nicht hell ist, endlich dürfen unsre Schiffe wieder auslaufen, auf jede Gefahr hin auslaufen, jedes Wagnis des Erkennenden ist wieder erlaubt, das Meer, *unser* Meer liegt wieder offen da, vielleicht gab es noch niemals ein so „offnes Meer".

344

Inwiefern auch wir noch fromm sind. – In der Wissenschaft haben die Überzeugungen kein Bürgerrecht, so sagt man mit gutem Grunde: erst wenn sie sich entschließen, zur Bescheidenheit einer Hypothese, eines vorläufigen Versuchs-Standpunktes, einer regulativen Fiktion herabzusteigen, darf ihnen der Zutritt und sogar ein gewisser Wert innerhalb des Reichs der Erkenntnis zugestanden werden, – immerhin mit der Beschränkung, unter polizeiliche Aufsicht gestellt zu bleiben, unter die Polizei des Mißtrauens. – Heißt das aber nicht, genauer besehen: erst wenn die Überzeugung *aufhört,* Überzeugung zu sein, darf sie Eintritt in die Wissenschaft erlangen? Finge nicht die Zucht des wissenschaftlichen Geistes damit an, sich keine Überzeugungen mehr zu gestatten? ... So steht es wahrscheinlich: nur bleibt übrig zu fragen, ob nicht, *damit diese Zucht anfangen könne,* schon eine Überzeugung da sein müsse, und zwar eine so gebieterische und bedingungslose, daß sie alle andren Überzeugungen sich zum Opfer bringt. Man sieht, auch die Wissenschaft ruht auf einem Glauben, es gibt keine „voraussetzungslose" Wissenschaft. Die Frage, ob *Wahrheit* not tue, muß nicht nur schon vorher bejaht, sondern in dem Grade bejaht sein, daß der Satz, der Glaube, die Überzeugung darin zum Ausdruck kommt „Es tut *nichts mehr* not als Wahrheit, und im Verhältnis zu ihr hat alles übrige nur einen Wert zweiten Rangs". – Dieser unbedingte Wille zur Wahrheit: was ist er: Ist es der Wille, *sich nicht täuschen zu lassen?* Ist es der Wille, *nicht zu täuschen?* Nämlich auch auf diese letzte Weise könnte der Wille zur Wahrheit interpretiert werden: vorausgesetzt, daß man unter der Verallgemeinerung „ich will nicht täuschen" auch den einzelnen Fall „ich will *mich* nicht täuschen" einbegreift. Aber warum nicht täuschen? Aber warum nicht sich täuschen lassen? – Man bemerke, daß die Gründe für das erstere auf einem ganz andern Bereiche liegen als die für das zweite: man will sich nicht täuschen lassen, unter der Annahme, daß es schädlich, gefährlich, verhängnisvoll ist, getäuscht zu werden, – in diesem Sinne wäre Wissenschaft eine lange Klugheit, eine Vorsicht, eine Nützlichkeit, gegen die man aber billigerweise einwenden dürfte: wie? ist wirklich das Sich-nicht-täuschen-lassen-Wollen weniger schädlich, weniger gefährlich, weniger verhängnisvoll? Was wißt ihr von vornherein vom Charakter des Daseins, um entscheiden zu können, ob der größere Vorteil auf seiten des Unbedingt-Mißtrauischen oder des Unbedingt-Zutraulichen ist? Falls aber beides nötig sein sollte, viel Zutrauen *und* viel Mißtrauen: woher dürfte dann die Wissenschaft ihren unbedingten Glauben, ihre Überzeugung nehmen, auf dem sie ruht, daß Wahrheit wichtiger sei als irgendein andres Ding, auch als jede andre Überzeugung? Eben diese Überzeugung könnte nicht entstanden sein, wenn Wahrheit *und* Unwahrheit sich beide fortwährend als nützlich bezeigten: wie es der Fall ist. Also – kann der Glaube an die Wissenschaft, der nun einmal unbestreitbar da ist, nicht aus einem solchen Nützlichkeits-Kalkül seinen Ursprung genommen haben, sondern vielmehr *trotzdem,* daß ihm die Unnützlichkeit und Gefährlichkeit des „Willens zur Wahrheit", der „Wahrheit um jeden Preis" fortwährend bewiesen wird. „Um jeden Preis": oh, wir verstehen das gut genug, wenn wir erst einen Glauben nach dem andern auf diesem Altare dargebracht und abgeschlachtet haben! – Folglich bedeutet „Wille zur Wahrheit" *nicht* „ich will mich nicht täuschen lassen", sondern – es bleibt keine Wahl – „ich will nicht täuschen, auch mich selbst nicht": – *und hiermit sind wir auf dem Boden der Moral.* Denn man frage sich nur gründlich: „Warum willst du nicht täuschen?", namentlich wenn es den Anschein haben sollte – und es hat den

Anschein! –, als wenn das Leben auf Anschein, ich meine auf Irrtum, Betrug, Verstellung, Blendung, Selbstverblendung angelegt wäre, und wenn andrerseits tatsächlich die große Form des Lebens sich immer auf der Seite der unbedenklichsten πολύτροποι gezeigt hat. Es könnte ein solcher Vorsatz vielleicht, mild ausgelegt, eine Don-Quixoterie, ein kleiner schwärmerischer Aberwitz sein; er könnte aber auch noch etwas Schlimmeres sein, nämlich ein lebensfeindliches, zerstörerisches Prinzip ... „Wille zur Wahrheit" – das könnte ein versteckter Wille zum Tode sein. – Dergestalt führt die Frage: warum Wissenschaft? zurück auf das moralische Problem: *wozu überhaupt Moral,* wenn Leben, Natur, Geschichte „unmoralisch" sind? [...]

358

[12] *Der Bauernaufstand des Geistes.* – Wir Europäer befinden uns im Anblick einer ungeheuren Trümmerwelt, wo einiges noch hoch ragt, wo vieles morsch und unheimlich dasteht, das meiste aber schon am Boden liegt, malerisch genug – wo gab es je schönere Ruinen? – und überwachsen mit großem und kleinem Unkraute. Die Kirche ist diese Stadt des Untergangs: wir sehen die religiöse Gesellschaft des Christentums bis in die untersten Fundamente erschüttert, – der Glaube an Gott ist umgestürzt, der Glaube an das christlich-asketische Ideal kämpft eben noch seinen letzten Kampf. Ein solches lang und gründlich gebautes Werk wie das Christentum – es war der letzte Römerbau! – konnte freilich nicht mit einem Male zerstört werden; alle Art Erdbeben hat da rütteln, alle Art Geist, die anbohrt, gräbt, nagt, feuchtet, hat da helfen müssen. Aber was das wunderlichste ist: Die, welche sich am meisten darum bemüht haben, das Christentum zu halten, zu erhalten, sind gerade seine besten Zerstörer geworden, – die Deutschen. Es scheint, die Deutschen verstehen das Wesen einer Kirche nicht. Sind sie dazu nicht geistig genug? nicht mißtrauisch genug? Der Bau der Kirche ruht jedenfalls auf einer *südländischen* Freiheit und Freisinnigkeit des Geistes und ebenso auf einem südländischen Verdachte gegen Natur, Mensch und Geist – er ruht auf einer ganz andren Kenntnis des Menschen, Erfahrung vom Menschen, als der Norden gehabt hat. Die Lutherische Reformation war in ihrer ganzen Breite die Entrüstung der Einfalt gegen etwas „Vielfältiges", um vorsichtig zu reden, ein grobes, biederes Mißverständnis, an dem viel zu verzeihen ist, – man begriff den Ausdruck einer *siegreichen* Kirche nicht und sah nur Korruption, man mißverstand die vornehme Skepsis, jenen *Luxus* von Skepsis

und Toleranz, welchen sich jede siegreiche, selbstgewisse Macht gestattet ... Man übersieht heute gut genug, wie Luther in allen kardinalen Fragen der Macht verhängnisvoll kurz, oberflächlich, unvorsichtig angelegt war, vor allem als Mann aus dem Volke, dem alle Erbschaft einer herrschenden Kaste, aller Instinkt für Macht abging: so daß sein Werk, sein Wille zur Wiederherstellung jenes Römerwerks, ohne daß er es wollte und wußte, nur der Anfang eines Zerstörungswerks wurde. Er dröselte auf, er riß zusammen, mit ehrlichem Ingrimme, wo die alte Spinne am sorgsamsten und längsten gewoben hatte. Er lieferte die heiligen Bücher an jedermann aus – damit gerieten sie endlich in die Hände der Philologen, das heißt der Vernichter jeden Glaubens, der auf Büchern ruht. Er zerstörte den Begriff „Kirche", indem er den Glauben an die Inspiration der Konzilien wegwarf: denn nur unter der Voraussetzung, daß der inspirierende Geist, der die Kirche gegründet hat, in ihr noch lebe, noch baue, noch fortfahre, sein Haus zu bauen, behält der Begriff „Kirche" Kraft. Er gab dem Priester den Geschlechtsverkehr mit dem Weibe zurück: aber dreiviertel der Ehrfurcht, deren das Volk, vor allem das Weib aus dem Volke fähig ist, ruht auf dem Glauben, daß ein Ausnahmemensch in diesem Punkte auch in andren Punkten eine Ausnahme sein wird – hier gerade hat der Volksglaube an etwas Übermenschliches im Menschen, an das Wunder, an den erlösenden Gott im Menschen, seinen feinsten und verfänglichsten Anwalt. Luther mußte dem Priester, nachdem er ihm das Weib gegeben hatte, die Ohrenbeichte *nehmen,* das war psychologisch richtig: aber damit war im Grunde der christliche Priester selbst abgeschafft, dessen tiefste Nützlichkeit immer *die* gewesen ist, ein heiliges Ohr, ein verschwiegener Brunnen, ein Grab für Geheimnisse zu sein. „Jedermann sein eigner Priester" – hinter solchen Formeln und ihrer bäurischen Verschlagenheit versteckte sich bei Luther der abgründliche Haß auf den „höheren Menschen" und die Herrschaft des „höheren Menschen", wie ihn die Kirche konzipiert hatte: – er zerschlug ein Ideal, das er nicht zu erreichen wußte, während er die Entartung dieses Ideals zu bekämpfen und zu verabscheuen schien. Tatsächlich stieß er, der unmögliche Mönch, die *Herrschaft* der homines religiosi von sich; er machte also gerade das selber innerhalb der kirchlichen Gesellschaftsordnung, was er in Hinsicht auf die bürgerliche Ordnung so unduldsam bekämpfte – einen „Bauernaufstand". – Was hinterdrein alles aus seiner Reformation gewachsen ist, Gutes und Schlimmes, und heute ungefähr überrechnet werden kann – wer wäre wohl naiv genug, Luthern um dieser Folgen willen einfach zu loben oder zu tadeln? Er ist an allem unschuldig, er wußte nicht, was er tat ...

374

[13] *Unser neues „Unendliches".* – Wie weit der perspektivische Charakter des Daseins reicht oder gar, ob es irgendeinen andren Charakter noch hat, ob nicht ein Dasein ohne Auslegung, ohne „Sinn" eben zum „Unsinn" wird, ob, andrerseits, nicht alles Dasein essentiell ein *auslegendes* Dasein ist – das kann, wie billig, auch durch die fleißigste und peinlich-gewissenhafteste Analysis und Selbstprüfung des Intellekts nicht ausgemacht werden: da der menschliche Intellekt bei dieser Analysis nicht umhin kann, sich selbst unter seinen perspektivischen Formen zu sehn und *nur* in ihnen zu sehn. Wir können nicht um unsre Ecke sehn: es ist eine hoffnungslose Neugierde, wissen zu wollen, was es noch für andre Arten Intellekt und Perspektive geben *könnte:* zum Beispiel ob irgendwelche Wesen die Zeit zurück oder abwechselnd vorwärts und rückwärts empfinden können (womit eine andre Richtung des Lebens und ein andrer Begriff von Ursache und Wirkung gegeben wäre). Aber ich denke, wir sind heute zum mindesten ferne von der lächerlichen Unbescheidenheit, von unsrer Ecke aus zu dekretieren, daß man nur von dieser Ecke aus Perspektiven haben *dürfe.* Die Welt ist uns vielmehr noch einmal „unendlich" geworden: insofern wir die Möglichkeit nicht abweisen können, daß sie *unendliche Interpretationen in sich schließt.* Noch einmal faßt uns der große Schauder: – aber wer hätte wohl Lust, *dieses* Ungeheure von unbekannter Welt nach alter Weise sofort wieder zu vergöttlichen? Und etwa *das* Unbekannte fürderhin als „*den* Unbekannten" anzubeten? Ach, es sind zu viele *ungöttliche* Möglichkeiten der Interpretation mit in dieses Unbekannte eingerechnet, zuviel Teufelei, Dummheit, Narrheit der Interpretation, – unsre eigne menschliche, allzumenschliche selbst, die wir kennen ...

382

[14] *Die große Gesundheit.* – Wir Neuen, Namenlosen, Schlechtverständlichen, wir Frühgeburten einer noch unbewiesenen Zukunft – wir bedürfen zu einem neuen Zwecke auch eines neuen Mittels, nämlich einer neuen Gesundheit, einer stärkeren, gewitzteren, zäheren, verwegneren, lustigeren, als alle Gesundheiten bisher waren. Wessen Seele darnach dürstet, den ganzen Umfang der bisherigen Werte und Wünschbarkeiten erlebt und alle Küsten dieses idealischen „Mittelmeers" umschifft zu haben, wer aus den

Abenteuern der eigensten Erfahrung wissen will, wie es einem Eroberer und Entdecker des Ideals zumute ist, insgleichen einem Künstler, einem Heiligen, einem Gesetzgeber, einem Weisen, einem Gelehrten, einem Frommen, einem Wahrsager, einem Göttlich-Abseitigen alten Stils: der hat dazu zuallererst eins nötig, *die große Gesundheit* – eine solche, welche man nicht nur hat, sondern auch beständig noch erwirbt und erwerben muß, weil man sie immer wieder preisgibt, preisgeben muß! ... Und nun, nachdem wir lange dergestalt unterwegs waren, wir Argonauten des Ideals, mutiger vielleicht als klug ist, und oft genug schiffbrüchig und zu Schaden gekommen, aber wie gesagt gesünder, als man es uns erlauben möchte, gefährlich gesund, immer wieder gesund, – will es uns scheinen, als ob wir, zum Lohn dafür, ein noch unentdecktes Land vor uns haben, dessen Grenzen noch niemand abgesehn hat, ein Jenseits aller bisherigen Länder und Winkel des Ideals, eine Welt so überreich an Schönem, Fremdem, Fragwürdigem, Furchtbarem und Göttlichem, daß unsre Neugierde ebensowohl wie unser Besitzdurst außer sich geraten sind – ach, daß wir nunmehr durch nichts mehr zu ersättigen sind! Wie könnten wir uns, nach solchen Ausblicken und mit einem solchen Heißhunger in Gewissen und und Wissen, noch *am gegenwärtigen Menschen* genügen lassen? Schlimm genug: aber es ist unvermeidlich, daß wir seinen würdigsten Zielen und Hoffnungen nur mit einem übel aufrecht erhaltenen Ernste zusehn und vielleicht nicht einmal mehr zusehn. Ein andres Ideal läuft vor uns her, ein wunderliches, versucherisches, gefahrenreiches Ideal, zu dem wir niemanden überreden möchten, weil wir niemandem so leicht das *Recht darauf* zugestehn: das Ideal eines Geistes, der naiv, das heißt ungewollt und aus überströmender Fülle und Mächtigkeit mit allem spielt, was bisher heilig, gut, unberührbar, göttlich hieß; für den das Höchste, woran das Volk billigerweise sein Wertmaß hat, bereits soviel wie Gefahr, Verfall, Erniedrigung oder, mindestens, wie Erholung, Blindheit, zeitweiliges Selbstvergessen bedeuten würde; das Ideal eines menschlich-übermenschlichen Wohlseins und Wohlwollens, das oft genug *unmenschlich* erscheinen wird, zum Beispiel wenn es sich neben den ganzen bisherigen Erden-Ernst, neben alle Art Feierlichkeit in Gebärde, Wort, Klang, Blick, Moral und Aufgabe wie deren leibhafteste unfreiwillige Parodie hinstellt – und mit dem, trotz alledem, vielleicht *der große Ernst* es anhebt, das eigentliche Fragezeichen erst gesetzt wird, das Schicksal der Seele sich wendet, der Zeiger rückt, die Tragödie *beginnt* ...

Aus: Also sprach Zarathustra

Die Reden Zarathustras

[15] *Von den drei Verwandlungen.* – Drei Verwandlungen nenne ich euch des Geistes: wie der Geist zum Kamele wird, und zum Löwen das Kamel, und zum Kinde zuletzt der Löwe.

Vieles Schwere gibt es dem Geiste, dem starken, tragsamen Geiste, dem Ehrfurcht innewohnt: nach dem Schweren und Schwersten verlangt seine Stärke.

Was ist schwer? so fragt der tragsame Geist, so kniet er nieder, dem Kamele gleich, und will gut beladen sein.

Was ist das Schwerste, ihr Helden? so fragt der tragsame Geist, daß ich es auf mich nehme und meiner Stärke froh werde.

Ist es nicht das: sich erniedrigen, um seinem Hochmut wehe zu tun? Seine Torheit leuchten lassen, um seiner Weisheit zu spotten?

Oder ist es das: von unserer Sache scheiden, wenn sie ihren Sieg feiert? Auf hohe Berge steigen, um den Versucher zu versuchen?

Oder ist es das: sich von Eicheln und Gras der Erkenntnis nähren und um der Wahrheit willen an der Seele Hunger leiden?

Oder ist es das: krank sein und die Tröster heimschicken und mit Tauben Freundschaft schließen, die niemals hören, was du willst?

Oder ist es das: in schmutziges Wasser steigen, wenn es das Wasser der Wahrheit ist, und kalte Frösche und heiße Kröten nicht von sich weisen?

Oder ist es das: die lieben, die uns verachten, und dem Gespenste die Hand reichen, wenn es uns fürchten machen will?

Alles dies Schwerste nimmt der tragsame Geist auf sich: dem Kamele gleich, das beladen in die Wüste eilt, also eilt er in seine Wüste.

Aber in der einsamsten Wüste geschieht die zweite Verwandlung: zum Löwen wird hier der Geist, Freiheit will er sich erbeuten und Herr sein in seiner eigenen Wüste.

Seinen letzten Herrn sucht er sich hier: feind will er ihm werden und seinem letzten Gotte, um Sieg will er mit dem großen Drachen ringen.

Welches ist der große Drache, den der Geist nicht mehr Herr und Gott heißen mag? „Du-sollst" heißt der große Drache. Aber der Geist des Löwen sagt „ich will".

„Du-sollst" liegt ihm am Wege, goldfunkelnd, ein Schuppentier, und auf jeder Schuppe glänzt golden „Du sollst!"

Tausendjährige Werte glänzen an diesen Schuppen, und also spricht der mächtigste aller Drachen: „aller Wert der Dinge – der glänzt an mir."

„Aller Wert ward schon geschaffen, und aller geschaffene Wert – das bin ich. Wahrlich, es soll kein ‚Ich will' mehr geben!" Also spricht der Drache.

Meine Brüder, wozu bedarf es des Löwen im Geiste? Was genügt nicht das lastbare Tier, das entsagt und ehrfürchtig ist?

Neue Werte schaffen – das vermag auch der Löwe noch nicht: aber Freiheit sich schaffen zu neuem Schaffen – das vermag die Macht des Löwen.

Freiheit sich schaffen und ein heiliges Nein auch vor der Pflicht: dazu, meine Brüder, bedarf es des Löwen.

Recht sich nehmen zu neuen Werten – das ist das furchtbarste Nehmen für einen tragsamen und ehrfürchtigen Geist. Wahrlich, ein Rauben ist es ihm und eines raubenden Tieres Sache.

Als sein Heiligstes liebte er einst das „Du-sollst": nun muß er Wahn und Willkür auch noch im Heiligsten finden, daß er sich Freiheit raube von seiner Liebe: des Löwen bedarf es zu diesem Raube.

Aber sagt, meine Brüder, was vermag noch das Kind, das auch der Löwe nicht vermochte? Was muß der raubende Löwe auch noch zum Kinde werden?

Unschuld ist das Kind und Vergessen, ein Neubeginnen, ein Spiel, ein aus sich rollendes Rad, eine erste Bewegung, ein heiliges Ja-sagen.

Ja, zum Spiele des Schaffens, meine Brüder, bedarf es eines heiligen Ja-sagens: *seinen* Willen will nun der Geist, *seine* Welt gewinnt sich der Weltverlorene.

Drei Verwandlungen nannte ich euch des Geistes: wie der Geist zum Kamele ward, und zum Löwen das Kamel, und der Löwe zuletzt zum Kinde. –

Also sprach Zarathustra. Und damals weilte er in der Stadt, welche genannt wird: Die bunte Kuh.

[16] *Von der Nächstenliebe.* – Ihr drängt euch um den Nächsten und habt schöne Worte dafür. Aber ich sage euch: eure Nächstenliebe ist eure schlechte Liebe zu euch selber.

Ihr flüchtet zum Nächsten vor euch selber und möchtet euch

daraus eine Tugend machen: aber ich durchschaue euer „Selbstloses".

Das Du ist älter als das Ich; das Du ist heiliggesprochen, aber noch nicht das Ich: so drängt sich der Mensch hin zum Nächsten.

Rate ich euch zur Nächstenliebe? Lieber noch rate ich euch zur Nächsten-Flucht und zur Fernsten-Liebe!

Höher als die Liebe zum Nächsten steht die Liebe zum Fernsten und Künftigen; höher noch als die Liebe zu Menschen gilt mir die Liebe zu Sachen und Gespenstern.

Dies Gespenst, das vor dir herläuft, mein Bruder, ist schöner als du; warum gibst du ihm nicht dein Fleisch und deine Knochen? Aber du fürchtest dich und läufst zu deinem Nächsten.

Ihr haltet es mit euch selber nicht aus und liebt euch nicht genug: nun wollt ihr den Nächsten zur Liebe verführen und euch mit seinem Irrtum vergolden.

Ich wollte, ihr hieltet es nicht aus mit allerlei Nächsten und deren Nachbarn; so müßtet ihr aus euch selber euren Freund und sein überwallendes Herz schaffen.

Ihr ladet euch einen Zeugen ein, wenn ihr von euch gut reden wollt; und wenn ihr ihn verführt habt, gut von euch zu denken, denkt ihr selber gut von euch.

Nicht nur der lügt, welcher wider sein Wissen redet, sondern erst recht der, welcher wider sein Nichtwissen redet. Und so redet ihr von euch im Verkehre und belügt mit euch den Nachbar.

Also spricht der Narr: „der Umgang mit Menschen verdirbt den Charakter, sonderlich wenn man keinen hat."

Der Eine geht zum Nächsten, weil er sich sucht, und der Andre, weil er sich verlieren möchte. Eure schlechte Liebe zu euch selber macht euch aus der Einsamkeit ein Gefängnis.

Die Ferneren sind es, welche eure Liebe zum Nächsten bezahlen; und schon wenn ihr zu fünfen miteinander seid, muß immer ein sechster sterben.

Ich liebe auch eure Feste nicht: zu viel Schauspieler fand ich dabei, und auch die Zuschauer gebärdeten sich oft gleich Schauspielern.

Nicht den Nächsten lehre ich euch, sondern den Freund. Der Freund sei euch das Fest der Erde und ein Vorgefühl des Übermenschen.

Ich lehre euch den Freund und sein übervolles Herz. Aber man muß verstehn, ein Schwamm zu sein, wenn man von übervollen Herzen geliebt sein will.

Ich lehre euch den Freund, in dem die Welt fertig dasteht, eine

Schale des Guten, – den schaffenden Freund, der immer eine fertige Welt zu verschenken hat.

Und wie ihm die Welt auseinander rollte, so rollt sie ihm wieder in Ringen zusammen, als das Werden des Guten durch das Böse, als das Werden der Zwecke aus dem Zufalle.

Die Zukunft und das Fernste sei dir die Ursache deines Heute: in deinem Freunde sollst du den Übermenschen als deine Ursache lieben.

Meine Brüder, zur Nächstenliebe rate ich euch nicht: ich rate euch zur Fernsten-Liebe.

Also sprach Zarathustra.

[17] *Vom freien Tode.* – Viele sterben zu spät und einige sterben zu früh. Noch klingt fremd die Lehre: „stirb zur rechten Zeit!"

Stirb zur rechtenZeit; also lehrte es Zarathustra.

Freilich, wer nie zur rechten Zeit lebt, wie sollte der je zur rechten Zeit sterben? Möchte er doch nie geboren sein! – Also rate ich den Überflüssigen.

Aber auch die Überflüssigen tun noch wichtig mit ihrem Sterben, und auch die hohlste Nuß will noch geknackt sein.

Wichtig nehmen alle das Sterben: aber noch ist der Tod kein Fest. Noch erlernten die Menschen nicht, wie man die schönsten Feste weiht.

Den vollbringenden Tod zeige ich euch, der den Lebenden ein Stachel und ein Gelöbnis wird.

Seinen Tod stirbt der Vollbringende, siegreich, umringt von Hoffenden und Gelobenden.

Also sollte man sterben lernen; und es sollte kein Fest geben, wo ein solcher Sterbender nicht der Lebenden Schwüre weihte!

Also zu sterben ist das Beste; das Zweite aber ist: im Kampfe zu sterben und eine große Seele zu verschwenden.

Aber dem Kämpfenden gleich verhaßt wie dem Sieger ist euer grinsender Tod, der heranschleicht wie ein Dieb – und doch als Herr kommt.

Meinen Tod lobe ich euch, den freien Tod, der mir kommt, weil ich will.

Und wann werde ich wollen? – Wer ein Ziel hat und einen Erben, der will den Tod zur rechten Zeit für Ziel und Erben.

Und aus Ehrfurcht vor Ziel und Erben wird er keine dürren Kränze mehr im Heiligtum des Lebens aufhängen.

Wahrlich, nicht will ich den Seildrehern gleichen: sie ziehen ihren Faden in die Länge und gehen dabei selber immer rückwärts.

Mancher wird auch für seine Wahrheiten und Siege zu alt; ein zahnloser Mund hat nicht mehr das Recht zu jeder Wahrheit.

Und jeder, der Ruhm haben will, muß sich beizeiten von der Ehre verabschieden und die schwere Kunst üben, zur rechten Zeit zu – gehn.

Man muß aufhören, sich essen zu lassen, wenn man am besten schmeckt: das wissen die, welche lange geliebt werden wollen.

Saure Äpfel gibt es freilich, deren Los will, daß sie bis auf den letzten Tag des Herbstes warten: und zugleich werden sie reif, gelb und runzelig.

Andern altert das Herz zuerst und andern der Geist. Und einige sind greis in der Jugend: aber spät jung erhält lang jung.

Manchem mißrät das Leben: ein Giftwurm frißt sich ihm ans Herz. So möge er zusehen, daß ihm das Sterben um so mehr gerate.

Mancher wird nie süß, er fault im Sommer schon. Feigheit ist es, die ihn an seinem Aste festhält.

Viel zu viele leben und viel zu lange hängen sie an ihren Ästen. Möchte ein Sturm kommen, der all dies Faule und Wurmfreßne vom Baume schüttelt!

Möchten Prediger kommen des *schnellen* Todes! Das wären mir die rechten Stürme und Schüttler an Lebensbäumen! Aber ich höre nur den langsamen Tod predigen und Geduld mit allem „Irdischen."

Ach, ihr predigt Geduld mit dem Irdischen? Dieses Irdische ist es, das zu viel Geduld mit euch hat, ihr Lästermäuler!

Wahrlich, zu früh starb jener Hebräer, den die Prediger des langsamen Todes ehren: und vielen ward es seitdem zum Verhängnis, daß er zu früh starb.

Noch kannte er nur Tränen und die Schwermut des Hebräers, samt dem Hasse der Guten und Gerechten, – der Hebräer Jesus: da überfiel ihn die Sehnsucht zum Tode.

Wäre er doch in der Wüste geblieben und ferne von den Guten und Gerechten! Vielleicht hätte er leben gelernt und die Erde liebengelernt – und das Lachen dazu!

Glaubt es mir, meine Brüder! Er starb zu früh: er selber hätte seine Lehre widerrufen, wäre er bis zu meinem Alter gekommen! Edel genug war er zum Widerrufen! [...]

[18] *Auf den glückseligen Inseln.* – Die Feigen fallen von den Bäumen, sie sind gut und süß; und indem sie fallen, reißt ihnen die rote Haut! Ein Nordwind bin ich reifen Feigen.

Also, gleich Feigen, fallen euch diese Lehren zu, meine Freunde: nun trinkt ihren Saft und ihr süßes Fleisch! Herbst ist es umher und reiner Himmel und Nachmittag.

Seht, welche Fülle ist um uns! Und aus dem Überflusse heraus ist es schön hinaus zu blicken auf ferne Meere.

Einst sagte man Gott, wenn man auf ferne Meere blickte; nun aber lehrte ich euch sagen: Übermensch.

Gott ist eine Mutmaßung; aber ich will, daß euer Mutmaßen nicht weiter reiche, als euer schaffender Wille.

Könntet ihr einen Gott *schaffen?* – So schweigt mir doch von allen Göttern! Wohl aber könntet ihr den Übermenschen schaffen.

Nicht ihr vielleicht selber, meine Brüder! Aber zu Vätern und Vorfahren könntet ihr euch umschaffen des Übermenschen: und dies sei euer bestes Schaffen! –

Gott ist eine Mutmaßung: aber ich will, daß euer Mutmaßen begrenzt sei in der Denkbarkeit.

Könntet ihr einen Gott *denken?* – Aber dies bedeute euch Wille zur Wahrheit, daß alles verwandelt werde in Menschen-Denkbares, Menschen-Sichtbares, Menschen-Fühlbares! Eure eignen Sinne sollt ihr zu Ende denken!

Und was ihr Welt nanntet, das soll erst von euch geschaffen werden: eure Vernunft, euer Bild, euer Wille, eure Liebe soll es selber werden! Und wahrlich, zu eurer Seligkeit, ihr Erkennenden!

Und wie wolltet ihr das Leben ertragen ohne diese Hoffnung, ihr Erkennenden? Weder ins Unbegreifliche dürftet ihr eingeboren sein, noch ins Unvernünftige.

Aber daß ich euch ganz mein Herz offenbare, ihr Freunde: *wenn* es Götter gäbe, wie hielte ich's aus, kein Gott zu sein! *Also* gibt es keine Götter.

Wohl zog ich den Schluß; nun aber zieht er mich. –

Gott ist eine Mutmaßung: aber wer tränke alle Qual dieser Mutmaßung, ohne zu sterben? Soll dem Schaffenden sein Glaube genommen sein und dem Adler sein Schweben in Adler-Fernen?

Gott ist ein Gedanke, der macht alles Gerade krumm, und alles, was steht, drehend. Wie? Die Zeit wäre hinweg, und alles Vergängliche nur Lüge?

Dies zu denken ist Wirbel und Schwindel menschlichen Gebeinen, und noch dem Magen ein Erbrechen: wahrlich, die drehende Krankheit heiße ich's, solches zu mutmaßen.

Böse heiße ich's und menschenfeindlich: all dies Lehren vom Einen und Vollen und Unbewegten und Satten und Unvergänglichen!

Alles Unvergängliche – das ist nur ein Gleichnis! Und die Dichter lügen zuviel. –

Aber von Zeit und Werden sollen die besten Gleichnisse reden: ein Lob sollen sie sein und eine Rechtfertigung aller Vergänglichkeit!

Schaffen – das ist die große Erlösung vom Leiden, und des Lebens Leichtwerden. Aber daß der Schaffende sei, dazu selber tut Leid not und viel Verwandelung. [...]

[19] *Die stillste Stunde.* – Was geschah mir, meine Freunde? Ihr seht mich verstört, fortgetrieben, unwillig-folgsam, bereit, zu gehen – ach, von *euch* fortzugehen!

Ja, noch einmal muß Zarathustra in seine Einsamkeit: aber unlustig geht diesmal der Bär zurück in seine Höhle!

Was geschah mir! Wer gebeut dies? – Ach, meine zornige Herrin will es so, sie sprach zu mir; nannte ich je euch schon ihren Namen?

Gestern gen Abend sprach zu mir *meine stillste Stunde:* das ist der Name meiner furchtbaren Herrin.

Und so geschah's, – denn alles muß ich euch sagen, daß euer Herz sich nicht verhärte gegen den plötzlich Scheidenden!

Kennt ihr den Schrecken des Einschlafenden? –

Bis in die Zehen hinein erschrickt er, darob, daß ihm der Boden weicht und der Traum beginnt.

Dieses sage ich euch zum Gleichnis. Gestern, zur stillsten Stunde, wich mir der Boden: der Traum begann.

Der Zeiger rückte, die Uhr meines Lebens holte Atem, – nie hörte ich solche Stille um mich: also daß mein Herz erschrak.

Dann sprach es ohne Stimme zu mir: *„Du weißt es, Zarathustra?"* –

Und ich schrie vor Schrecken bei diesem Flüstern, und das Blut wich aus meinem Gesichte: aber ich schwieg.

Da sprach es abermals ohne Stimme zu mir: „Du weißt es, Zarathustra, aber du redest es nicht!" –

Und ich antwortete endlich gleich einem Trotzigen:

„Ja, ich weiß es, aber ich will es nicht reden!"

Da sprach es wieder ohne Stimme zu mir: *„Du willst* nicht, Zarathustra? Ist dies auch wahr? Verstecke dich nicht in deinem Trotz!" –

Und ich weinte und zitterte wie ein Kind und sprach: „Ach, ich wollte schon, aber wie kann ich es! Erlaß mir dies nur! Es ist über meine Kraft!"

Da sprach es wieder ohne Stimme zu mir: „Was liegt an dir, Zarathustra! Sprich dein Wort und zerbrich!" –

Und ich antwortete: „Ach, ist es *mein* Wort? Wer bin *ich?* Ich warte des Würdigeren; ich bin nicht wert, an ihm auch nur zu zerbrechen."

Da sprach es wieder ohne Stimme zu mir: „Was liegt an dir? Du bist mir noch nicht demütig genug. Die Demut hat das härteste Fell." –

Und ich antwortete: „Was trug nicht schon das Fell meiner Demut! Am Fuße wohne ich meiner Höhe: wie hoch meine Gipfel sind? Niemand sagte es mir noch. Aber gut kenne ich meine Täler."

Da sprach es wieder ohne Stimme zu mir: „O Zarathustra, wer Berge zu versetzen hat, der versetzt auch Täler und Niederungen."

Und ich antwortete: „Noch versetzte mein Wort keine Berge, und was ich redete, erreichte die Menschen nicht. Ich ging wohl zu den Menschen, aber noch langte ich nicht bei ihnen an."

Da sprach es wieder ohne Stimme zu mir: „*Was weißt du davon!* Der Tau fällt auf das Gras, wenn die Nacht am verschwiegensten ist." –

Und ich antwortete: „Sie verspotteten mich, als ich meinen eigenen Weg fand und ging; und in Wahrheit zitterten damals meine Füße.

Und so sprachen sie zu mir: du verlerntest den Weg, nun verlernst du auch das Gehen!"

Da sprach es wieder ohne Stimme zu mir: „Was liegt an ihrem Spotte! Du bist einer, der das Gehorchen verlernt hat: nun sollst du befehlen!

Weißt du nicht, wer allen am nötigsten tut? Der Großes befiehlt.

Großes vollführen ist schwer: aber das Schwerere ist Großes befehlen.

Das ist dein Unverzeihlichstes: du hast die Macht, und du willst nicht herrschen." –

Und ich antwortete: „Mir fehlt des Löwen Stimme zum Befehlen."

Da sprach es wieder wie ein Flüstern zu mir: „Die stillsten Worte sind es, welche den Sturm bringen. Gedanken, die mit Taubenfüßen kommen, lenken die Welt.

O Zarathustra, du sollst gehen als ein Schatten dessen, was kommen muß: so wirst du befehlen und befehlend vorangehen." –

Und ich antwortete: „Ich schäme mich."

Da sprach es wieder ohne Stimme zu mir: „Du mußt noch Kind werden und ohne Scham.

Der Stolz der Jugend ist noch auf dir, spät bist du jung geworden: aber wer zum Kinde werden will, muß auch noch seine Jugend überwinden." –

Und ich besann mich lange und zitterte. Endlich aber sagte ich, was ich zuerst sagte: „Ich will nicht."

Da geschah ein Lachen um mich. Wehe, wie dies Lachen mir die Eingeweide zerriß und das Herz aufschlitzte!

Und es sprach zum letzten Male zu mir: „O Zarathustra, deine Früchte sind reif, aber du bist nicht reif für deine Früchte!

So mußt du wieder in die Einsamkeit: denn du sollst noch mürbe werden." –

Und wieder lachte es und floh: dann wurde es stille um mich wie mit einer zwiefachen Stille. Ich aber lag am Boden, und der Schweiß floß mir von den Gliedern.

– Nun höret ihr alles, und warum ich in meine Einsamkeit zurück muß. Nichts verschwieg ich euch, meine Freunde.

Aber auch dies hörtet ihr von mir, *wer* immer noch aller Menschen Verschwiegenster ist – und es sein will!

Ach meine Freunde! Ich hätte euch noch etwas zu sagen, ich hätte euch noch etwas zu geben! Warum gebe ich es nicht? Bin ich denn geizig? –

Als Zarathustra aber diese Worte gesprochen hatte, überfiel ihn die Gewalt des Schmerzes und die Nähe des Abschieds von seinen Freunden, also daß er laut weinte; und niemand wußte ihn zu trösten. Des Nachts aber ging er allein fort und verließ seine Freunde.

1

[20] *Die sieben Siegel (Oder: das Ja-und-Amen-Lied).* – Wenn ich ein Wahrsager bin und voll jenes wahrsagerischen Geistes, der auf hohem Joche zwischen zwei Meeren wandelt, –

zwischen Vergangenem und Zukünftigem als schwere Wolke wandelt, – schwülen Niederungen feind und allem, was müde ist und nicht sterben noch leben kann:

zum Blitze bereit im dunklen Busen und zum erlösenden Lichtstrahle, schwanger von Blitzen, die ja! sagen, ja! lachen, zu wahrsagerischen Blitzstrahlen: –

– selig aber ist der also Schwangere! Und wahrlich, lange muß als schweres Wetter am Berge hängen, wer einst das Licht der Zukunft zünden soll! –

O wie sollte ich nicht nach der Ewigkeit brünstig sein und nach dem hochzeitlichen Ring der Ringe, – dem Ring der Wiederkunft?

Nie noch fand ich das Weib, von dem ich Kinder mochte, es sei denn dieses Weib, das ich liebe: denn ich liebe dich, o Ewigkeit!

Denn ich liebe dich, o Ewigkeit!

2

Wenn mein Zorn je Gräber brach, Grenzsteine rückte und alte Tafeln zerbrochen in steile Tiefen rollte:

wenn mein Hohn je vermoderte Worte zerblies und ich wie ein Besen kam den Kreuzspinnen und als Fegewind alten verdumpften Grabkammern:

wenn ich je frohlockend saß, wo alte Götter begraben liegen, weltsegnend, weltliebend neben den Denkmalen alter Weltverleumder: –

– denn selbst Kirchen und Gottesgräber liebe ich, wenn der Himmel erst reinen Auges durch ihre zerbrochenen Decken blickt; gern sitze ich gleich Gras und rotem Mohne auf zerbrochenen Kirchen –

o wie sollte ich nicht nach der Ewigkeit brünstig sein und nach dem hochzeitlichen Ring der Ringe, – dem Ring der Wiederkunft?

Nie noch fand ich das Weib, von dem ich Kinder mochte, es sei denn dieses Weib, das ich liebe: denn ich liebe dich, o Ewigkeit!

Denn ich liebe dich, o Ewigkeit!

3

Wenn je ein Hauch zu mir kam vom schöpferischen Hauche und von jener himmlischen Not, die noch Zufälle zwingt, Sternenreigen zu tanzen:

wenn ich je mit dem Lachen des schöpferischen Blitzes lachte, dem der lange Donner der Tat grollend, aber gehorsam nachfolgt:

wenn ich je am Göttertisch der Erde mit Göttern Würfel spielte, daß die Erde bebte und brach und Feuerflüsse heraufschnob: –

– denn ein Göttertisch ist die Erde, und zitternd von schöpferischen neuen Worten und Götterwürfeln: –

o wie sollte ich nicht nach der Ewigkeit brünstig sein und nach dem hochzeitlichen Ring der Ringe, – dem Ring der Wiederkunft?

Nie noch fand ich das Weib, von dem ich Kinder mochte, es sei denn dieses Weib, das ich liebe: denn ich liebe dich, o Ewigkeit!

Denn ich liebe dich, o Ewigkeit!

4

Wenn ich je vollen Zuges trank aus jenem schäumenden Würz- und Mischkruge, in dem alle Dinge gut gemischt sind:

wenn meine Hand je Fernstes zum Nächsten goß, und Feuer zu Geist und Lust zu Leid und Schlimmstes zum Gütigsten:

wenn ich selber ein Korn bin von jenem erlösenden Salze, welches macht, daß alle Dinge im Mischkruge gut sich mischen: –

– denn es gibt ein Salz, das Gutes mit Bösem bindet; und auch das Böseste ist zum Würzen würdig und zum letzten Überschäumen: –

o wie sollte ich nicht nach der Ewigkeit brünstig sein und nach dem hochzeitlichen Ring der Ringe, – dem Ring der Wiederkunft?

Nie noch fand ich das Weib, von dem ich Kinder mochte, es sei denn dieses Weib, das ich liebe: denn ich liebe dich, o Ewigkeit!

Denn ich liebe dich, o Ewigkeit!

5

Wenn ich dem Meere hold bin und allem, was Meeres-Art ist, und am holdesten noch, wenn es mir zornig widerspricht:

wenn jene suchende Lust in mir ist, die nach Unentdecktem die Segel treibt, wenn eine Seefahrer-Lust in meiner Lust ist:

wenn je mein Frohlocken rief: „die Küste schwand – nun fiel mir die letzte Kette ab –

– das Grenzenlose braust um mich, weit hinaus glänzt mir Raum und Zeit, wohlan! wohlauf! altes Herz!" –

O wie sollte ich nicht nach der Ewigkeit brünstig sein und nach dem hochzeitlichen Ring der Ringe, – dem Ring der Wiederkunft?

Nie noch fand ich das Weib, von dem ich Kinder mochte, es sei denn dieses Weib, das ich liebe: denn ich liebe dich, o Ewigkeit!

Denn ich liebe dich, o Ewigkeit!

6

Wenn meine Tugend eines Tänzers Tugend ist und ich oft mit beiden Füßen in gold-smaragdenes Entzücken sprang:

wenn meine Bosheit eine lachende Bosheit ist, heimisch unter Rosenhängen und Lilienhecken:

– im Lachen nämlich ist alles Böse beieinander, aber heilig- und losgesprochen durch seine eigne Seligkeit: –

und wenn das mein A und O ist, daß alles Schwere leicht, aller Leib Tänzer, aller Geist Vogel werde: und wahrlich, das ist mein A und O! –

O wie sollte ich nicht nach der Ewigkeit brünstig sein und nach dem hochzeitlichen Ring der Ringe, – dem Ring der Wiederkunft?

Nie noch fand ich das Weib, von dem ich Kinder mochte, es sei denn dieses Weib, das ich liebe: denn ich liebe dich, o Ewigkeit!

Denn ich liebe dich, o Ewigkeit!

7

Wenn ich je stille Himmel über mir ausspannte und mit eignen Flügeln in eigne Himmel flog:

wenn ich spielend in tiefen Lichtfernen schwamm und meiner Freiheit Vogel-Weisheit kam: –

– so aber spricht Vogel-Weisheit: „Siehe, es gibt kein Oben, kein Unten! Wirf dich umher, hinaus, zurück, du Leichter! Singe! sprich nicht mehr!

– sind alle Worte nicht für die Schweren gemacht? Lügen dem Leichten nicht alle Worte? Singe! sprich nicht mehr!"

O wie sollte ich nicht nach der Ewigkeit brünstig sein und nach dem hochzeitlichen Ring der Ringe, – dem Ring der Wiederkunft?

Nie noch fand ich das Weib, von dem ich Kinder mochte, es sei denn dieses Weib, das ich liebe: denn ich liebe dich, o Ewigkeit!

Denn ich liebe dich, o Ewigkeit!

[21] *Außer Dienst.* – Nicht lange aber, nachdem Zarathustra sich von dem Zauberer losgemacht hatte, sah er wiederum jemanden am Wege sitzen, den er ging, nämlich einen schwarzen langen Mann mit einem hageren Bleichgesicht: der verdroß ihn gewaltig. „Wehe", sprach er zu seinem Herzen, „da sitzt vermummte Trübsal, das dünkt mich von der Art der Priester: was wollen *die* in meinem Reiche?

Wie! Kaum bin ich jenem Zauberer entronnen: muß mir da wieder ein anderer Schwarzkünstler über den Weg laufen, –

– irgendein Hexenmeister mit Handauflegen, ein dunkler Wundertäter von Gottes Gnaden, ein gesalbter Weltverleumder, den der Teufel holen möge!

Aber der Teufel ist nie am Platze, wo er am Platze wäre: immer kommt er zu spät, dieser vermaledeite Zwerg und Klumpfuß!"

Also fluchte Zarathustra ungeduldig in seinem Herzen und gedachte, wie er abgewandten Blicks an dem schwarzen Manne vorüberschlüpfe: aber siehe, es kam anders. Im gleichen Augenblicke nämlich hatte ihn schon der Sitzende erblickt; und nicht unähnlich einem solchen, dem ein unvermutetes Glück zustößt, sprang er auf und ging auf Zarathustra los.

„Wer du auch bist, du Wandersmann", sprach er, „hilf einem Verirrten, einem Suchenden, einem alten Manne, der hier leicht zu Schaden kommt!

Diese Welt hier ist mir fremd und fern, auch hörte ich wilde Tiere heulen; und der, welcher mir hätte Schutz bieten können, der ist selber nicht mehr.

Ich suchte den letzten frommen Menschen, einen Heiligen und Einsiedler, der allein in seinem Walde noch nichts davon gehört hatte, was alle Welt heute weiß."

„Was weiß heute alle Welt?" fragte Zarathustra. „Etwa dies, daß der alte Gott nicht mehr lebt, an den alle Welt einst geglaubt hat?"

„Du sagst es", antwortete der alte Mann betrübt. „Und ich diente diesem alten Gott bis zu seiner letzten Stunde.

Nun aber bin ich außer Dienst, ohne Herrn, und doch nicht frei, auch keine Stunde mehr lustig, es sei denn in Erinnerungen.

Dazu stieg ich in diese Berge, daß ich endlich wieder ein Fest mir machte, wie es einem alten Papste und Kirchenvater zukommt: denn wisse, ich bin der letzte Papst! – ein Fest frommer Erinnerungen und Gottesdienste.

Nun aber ist er selber tot, der frömmste Mensch, jener Heilige im Walde, der seinen Gott beständig mit Singen und Brummen lobte.

Ihn selber fand ich nicht mehr, als ich seine Hütte fand, – wohl aber zwei Wölfe darin, welche um seinen Tod heulten – denn alle Tiere liebten ihn. Da lief ich davon.

Kam ich also umsonst in diese Wälder und Berge? Da entschloß sich mein Herz, daß ich einen anderen suchte, den Frömmsten aller derer, die nicht an Gott glauben –, daß ich Zarathustra suchte!"

Also sprach der Greis und blickte scharfen Auges den an, welcher vor ihm stand; Zarathustra aber ergriff die Hand des alten Papstes und betrachtete sie lange mit Bewunderung.

„Siehe da, du Ehrwürdiger", sagte er dann, „welche schöne und lange Hand! Das ist die Hand eines solchen, der immer Segen ausgeteilt hat. Nun aber hält sie den fest, welchen du suchst, mich, Zarathustra.

Ich bin's, der gottlose Zarathustra, der da spricht: wer ist gottloser als ich, daß ich mich seiner Unterweisung freue?" –

Also sprach Zarathustra und durchbohrte mit seinen Blicken

die Gedanken und Hintergedanken des alten Papstes. Endlich begann dieser:

„Wer ihn am meisten liebte und besaß, der hat ihn nun am meisten auch verloren –:

– siehe, ich selber bin wohl von uns beiden jetzt der Gottlosere? Aber wer könnte daran sich freuen!" –

– „Du dientest ihm bis zuletzt", fragte Zarathustra nachdenklich, nach einem tiefen Schweigen, „du weißt, wie er starb? Ist es wahr, was man spricht, daß ihn das Mitleiden erwürgte,

– daß er es sah, wie *der Mensch* am Kreuze hing, und es nicht ertrug, daß die Liebe zum Menschen seine Hölle und zuletzt sein Tod wurde?" –

Der alte Papst aber antwortete nicht, sondern blickte scheu und mit einem schmerzlichen und düsteren Ausdruck zur Seite.

„Laß ihn fahren", sagte Zarathustra nach einem langen Nachdenken, indem er immer noch dem alten Manne gerade ins Auge blickte.

„Laß ihn fahren, er ist dahin. Und ob es dich auch ehrt, daß du diesem Toten nur Gutes nachredest, so weißt du so gut als ich, *wer* er war; und daß er wunderliche Wege ging."

„Unter drei Augen gesprochen", sagte erheitert der alte Papst (denn er war auf einem Auge blind), „in Dingen Gottes bin ich aufgeklärter als Zarathustra selber – und darf es sein.

Meine Liebe diente ihm lange Jahre, mein Wille ging allem seinem Willen nach. Ein guter Diener aber weiß alles, und mancherlei auch, was sein Herr sich selbst verbirgt.

Es war ein verborgener Gott, voller Heimlichkeit. Wahrlich zu einem Sohne sogar kam er nicht anders als auf Schleichwegen. An der Tür seines Glaubens steht der Ehebruch.

Wer ihn als einen Gott der Liebe preist, denkt nicht hoch genug von der Liebe selber. Wollte dieser Gott nicht auch Richter sein? Aber der Liebende liebt jenseits von Lohn und Vergeltung.

Als er jung war, dieser Gott aus dem Morgenlande, da war er hart und rachsüchtig und erbaute sich eine Hölle zum Ergötzen seiner Lieblinge.

Endlich aber wurde er alt und weich und mürbe und mitleidig, einem Großvater ähnlicher als einem Vater, am ähnlichsten aber einer wackeligen alten Großmutter.

Da saß er, welk in seinem Ofenwinkel, härmt sich ob seiner schwachen Beine, weltmüde, willensmüde, und erstickte eines Tages an seinem allzugroßen Mitleiden." –

„Du alter Papst", sagte hier Zarathustra dazwischen, „hast *Du*

Das mit Augen angesehen? Es könnte wohl so abgegangen sein: so, *und* auch anders. Wenn Götter sterben, sterben sie immer viele Arten Todes.

Aber wohlan! So oder so, so und so – er ist dahin! Er ging meinen Ohren und Augen wider den Geschmack, Schlimmeres möchte ich ihm nicht nachsagen.

Ich liebe alles, was hell blickt und redlich redet. Aber er – du weißt es ja, du alter Priester, es war etwas von deiner Art an ihm, von Priester-Art – er war vieldeutig.

Er war auch undeutlich. Was hat er uns darob gezürnt, dieser Zornschnauber, daß wir ihn schlecht verstünden! Aber warum sprach er nicht reinlicher?

Und lag es an unsern Ohren, warum gab er uns Ohren, die ihn schlecht hörten? War Schlamm in unsern Ohren, wohlan! wer legte ihn hinein?

Zu vieles mißriet ihm, diesem Töpfer, der nicht ausgelernt hatte! Daß er aber Rache an seinen Töpfen und Geschöpfen nahm, dafür daß sie ihm schlecht gerieten, – das war eine Sünde wider den *guten Geschmack*.

Es gibt auch in der Frömmigkeit guten Geschmack: *der* sprach endlich: fort mit einem *solchen* Gotte! Lieber keinen Gott, lieber auf eigne Faust Schicksal machen, lieber Narr sein, lieber selber Gott sein!"

– „Was höre ich!" sprach hier der alte Papst mit gespitzten Ohren; „o Zarathustra, du bist frömmer, als du glaubst, mit einem solchen Unglauben! Irgendein Gott in dir bekehrte dich zu deiner Gottlosigkeit.

Ist es nicht deine Frömmigkeit selber, die dich nicht mehr an einen Gott glauben läßt? Und deine übergroße Redlichkeit wird dich auch noch jenseits von Gut und Böse wegführen!

Siehe doch, was blieb dir aufgespart? Du hast Augen und Hand und Mund, die sind zum Segnen vorherbestimmt seit Ewigkeit. Man segnet nicht mit der Hand allein.

In deiner Nähe, ob du schon der Gottloseste sein willst, wittere ich einen heimlichen Weih- und Wohlgeruch von langen Segnungen: mir wird wohl und wehe dabei.

Laß mich deinen Gast sein, o Zarathustra, für eine einzige Nacht! Nirgends auf Erden wird es mir jetzt wohler als bei dir!" –

„Amen! So soll es sein!" sprach Zarathustra mit großer Verwunderung, „dort hinauf führt der Weg, da liegt die Höhle Zarathustras.

Gerne, fürwahr, würde ich dich selber dahin geleiten, du Ehrwürdiger, denn ich liebe alle frommen Menschen. Aber jetzt ruft mich eilig ein Notschrei weg von dir.

In meinem Bereiche soll mir niemand zu Schaden kommen; meine Höhle ist ein guter Hafen. Und am liebsten möchte ich jedweden Traurigen wieder auf festes Land und feste Beine stellen.

Wer aber nähme dir *deine* Schwermut von der Schulter? Dazu bin ich zu schwach. Lange, wahrlich, möchten wir warten, bis dir einer deinen Gott wieder aufweckt.

Dieser alte Gott nämlich lebt nicht mehr: der ist gründlich tot." –

Also sprach Zarathustra.

[22] *Der häßlichste Mensch.* – Und wieder liefen Zarathustras Füße durch Berge und Wälder, und seine Augen suchten und suchten, aber nirgends war der zu sehen, welchen sie sehn wollten, der große Notleidende und Notschreiende. Auf dem ganzen Wege aber frohlockte er in seinem Herzen und war dankbar. „Welche guten Dinge", sprach er, „schenkte mir doch dieser Tag, zum Entgelt, daß er schlimm begann! Welche seltsamen Unterredner fand ich!

An deren Worten will ich lange nun kauen gleich als an guten Körnern; klein soll mein Zahn sie mahlen und malmen, bis sie mir wie Milch in die Seele fließen!" –

Als aber der Weg wieder um einen Felsen bog, veränderte sich mit einem Male die Landschaft, und Zarathustra trat in ein Reich des Todes. Hier starrten schwarze und rote Klippen empor: kein Gras, kein Baum, keine Vogelstimme. Es war nämlich ein Tal, welches alle Tiere mieden, auch die Raubtiere; nur daß eine Art häßlicher, dicker, grüner Schlangen, wenn sie alt wurden, hierherkamen, um zu sterben. Darum nannten dies Tal die Hirten: Schlangen-Tod.

Zarathustra aber versank in eine schwarze Erinnerung, denn ihm war, als habe er schon einmal in diesem Tal gestanden. Und vieles Schwere legte sich ihm über den Sinn: also, daß er langsam ging und immer langsamer und endlich stillstand. Da aber sah er, als er die Augen auftat, etwas, das am Wege saß, gestaltet wie ein Mensch, und kaum wie ein Mensch, etwas Unaussprechliches. Und mit einem Schlage überfiel Zarathustra die große Scham darob, daß er so etwas mit den Augen angesehen habe: errötend bis hinauf an sein weißes Haar, wandte er den Blick ab und hob den Fuß, daß er diese schlimme Stelle verlasse. Da aber wurde die tote Öde laut: vom Boden auf nämlich quoll es gurgelnd und röchelnd, wie Wasser nachts durch verstopfte Wasserröhren gurgelt und röchelt; und zuletzt wurde daraus eine Menschenstimme und Menschenrede: – die lautete also:

„Zarathustra! Zarathustra! Rate mein Rätsel! Sprich, sprich! Was ist *die Rache am Zeugen?*

Ich locke dich zurück, hier ist glattes Eis! Sieh zu, sieh zu, ob dein Stolz sich hier nicht die Beine bricht!

Du dünkst dich weise, du stolzer Zarathustra! So rate doch das Rätsel, du harter Nüsseknacker, – das Rätsel, das ich bin! So sprich doch: wer bin *ich!*"

– Als aber Zarathustra diese Worte gehört hatte, – was glaubt ihr wohl, daß sich da mit seiner Seele zutrug? *Das Mitleiden fiel ihn an;* und er sank mit einem Male nieder, wie ein Eichbaum, der lange vielen Holzschlägern widerstanden hat, – schwer, plötzlich, zum Schrecken selber für die, welche ihn fällen wollten. Aber schon stand er wieder vom Boden auf, und sein Antlitz wurde hart.

„Ich erkenne dich wohl", sprach er mit einer erzenen Stimme: *„du bist der Mörder Gottes!* Laß mich gehn.

Du *ertrugst* den nicht, der dich sah, – der dich immer und durch und durch sah, du häßlichster Mensch! Du nahmst Rache an diesem Zeugen!"

Also sprach Zarathustra und wollte davon; aber der Unaussprechliche faßte nach einem Zipfel seines Gewandes und begann von neuem zu gurgeln und nach Worten zu suchen. „Bleib!" sagte er endlich –

„– bleib! Geh nicht vorüber! Ich erriet, welche Axt dich zu Boden schlug: Heil dir, o Zarathustra, daß du wieder stehst!

Du errietest, ich weiß es gut, wie dem zumute ist, der ihn tötete, – dem Mörder Gottes. Bleib! Setze dich her zu mir, es ist nicht umsonst.

Zu wem wollte ich, wenn nicht zu dir? Bleib, setze dich! Blicke mich aber nicht an! Ehre also – meine Häßlichkeit!

Sie verfolgen mich: nun bist du meine letzte Zuflucht. *Nicht* mit ihrem Hasse, *nicht* mit ihren Häschern: – oh, solcher Verfolgung würde ich spotten und stolz und froh sein!

War nicht aller Erfolg bisher bei den Gut-Verfolgten? Und wer gut verfolgt, lernt leicht *folgen:* – ist er doch einmal – hinterher! Aber ihr *Mitleid* ist's –

– ihr Mitleid ist's, vor dem ich flüchte und dir zuflüchte. O Zarathustra, schütze mich, du meine letzte Zuflucht, du Einziger, der mich erriet:

– du errietest, wie dem zumute ist, welcher *ihn* tötete. Bleib! Und willst du gehn, du Ungeduldiger: geh nicht den Weg, den ich kam. *Der* Weg ist schlecht.

Zürnst du mir, daß ich zu lange schon rede-radebreche? Daß ich schon dir rate? Aber wisse, ich bin's, der häßlichste Mensch,

– der auch die größten schwersten Füße hat. Wo *ich* ging, ist der Weg schlecht. Ich trete alle Wege tot und zuschanden.

Daß du aber an mir vorübergingst, schweigend; daß du errötetest, ich sah es wohl: daran erkannte ich dich als Zarathustra.

Jedweder andere hätte mir sein Almosen zugeworfen, sein Mitleiden, mit Blick und Rede. Aber dazu – bin ich nicht Bettler genug, das errietest du –

– dazu bin ich zu *reich,* reich an Großem, an Furchtbarem, am Häßlichsten, am Unaussprechlichsten! Deine Scham, o Zarathustra, *ehrte* mich!

Mit Not kam ich heraus aus dem Gedräng der Mitleidigen, – daß ich den Einzigen fände, der heute lehrt ‚Mitleiden ist zudringlich' – dich, o Zarathustra!

– sei es eines Gottes, sei es der Menschen Mitleiden: Mitleiden geht gegen die Scham. Und Nicht-helfen-wollen kann vornehmer sein als jene Tugend, die zuspringt.

Das aber heißt heute Tugend selber bei allen kleinen Leuten, das Mitleiden: – die haben keine Ehrfurcht vor großem Unglück, vor großer Häßlichkeit, vor großem Mißraten.

Über diese alle blicke ich hinweg, wie ein Hund über die Rükken wimmelnder Schafherden wegblickt. Es sind kleine wohlwollige wohlwillige graue Leute.

Wie ein Reiter verachtend über flache Teiche wegblickt, mit zurückgelegtem Kopfe: so blicke ich über das Gewimmel grauer kleiner Wellen und Willen und Seelen weg.

Zu lange hat man ihnen Rechte gegeben, diesen kleinen Leuten: so gab man ihnen endlich auch die Macht – nun lehren sie: ‚gut ist nur, was kleine Leute gut heißen'.

Und ‚Wahrheit' heißt heute, was der Prediger sprach, der selber aus ihnen herkam, jener wunderliche Heilige und Fürsprecher der kleinen Leute, welcher von sich zeugte ‚ich – bin die Wahrheit'.

Dieser Unbescheidne macht nun lange schon den kleinen Leuten den Kamm hoch schwellen – er, der keinen kleinen Irrtum lehrte, als er lehrte ‚ich – bin die Wahrheit'.

Ward einem Unbescheidnen jemals höflicher geantwortet? – Du aber, o Zarathustra, gingst an ihm vorüber und sprachst: ‚Nein! Nein! Dreimal Nein!'

Du warntest vor seinem Irrtum, du warntest als der erste vor dem Mitleiden – nicht alle, nicht keinen, sondern dich und deine Art.

Du schämst dich an der Scham des großen Leidenden; und wahrlich, wenn du sprichst ‚von dem Mitleiden her kommt eine große Wolke, habt acht, ihr Menschen!'

– wenn du lehrst ‚alle Schaffenden sind hart, alle große Liebe ist über ihrem Mitleiden': o Zarathustra, wie gut dünkst du mich eingelernt auf Wetter-Zeichen!

Du selber aber – warne dich selber auch vor *deinem* Mitleiden! Denn viele sind zu dir unterwegs, viele Leidende, Zweifelnde, Verzweifelnde, Ertrinkende, Frierende –

Ich warne dich auch vor mir. Du errietest mein bestes, schlimmstes Rätsel, mich selber, und was ich tat. Ich kenne die Axt, die dich fällt.

Aber er – *mußte* sterben: er sah mit Augen, welche *alles* sahn, – er sah des Menschen Tiefen und Gründe, alle seine verhehlte Schmach und Häßlichkeit.

Sein Mitleiden kannte keine Scham: er kroch in meine schmutzigsten Winkel. Dieser Neugierigste, Über-Zudringliche, Über-Mitleidige mußte sterben.

Er sah immer *mich:* an einem solchen Zeugen wollte ich Rache haben – oder selber nicht leben.

Der Gott, der alles sah, *auch den Menschen:* dieser Gott mußte sterben! Der Mensch *erträgt* es nicht, daß solch ein Zeuge lebt."

Also sprach der häßlichste Mensch. Zarathustra aber erhob sich und schickte sich an fortzugehn: denn ihn fröstelte bis in seine Eingeweide.

„Du Unaussprechlicher, sagte er, du warntest mich vor deinem Wege. Zum Danke dafür lobe ich dir den meinen. Siehe, dort hinauf liegt die Höhle Zarathustras.

Meine Höhle ist groß und tief und hat viele Winkel; da findet der Versteckteste sein Versteck.

Und dicht bei ihr sind hundert Schlüpfe und Schliche für kriechendes, flatterndes und springendes Getier.

Du Ausgestoßener, der du dich selber ausstießest, du willst nicht unter Menschen und Menschen-Mitleid wohnen? Wohlan, so tu's mir gleich! So lernst du auch von mir; nur der Täter lernt.

Und rede zuerst und -nächst mit meinen Tieren! Das stolzeste Tier und das klügste Tier – die möchten uns beiden wohl die rechten Ratgeber sein!" – –

Also sprach Zarathustra und ging seiner Wege, nachdenklicher und langsamer noch als zuvor: denn er fragte sich vieles und wußte sich nicht leicht zu antworten.

„Wie arm ist doch der Mensch!" dachte er in seinem Herzen, „wie häßlich, wie röchelnd, wie voll verborgener Scham!

Man sagt mir, daß der Mensch sich selber liebe: ach, wie groß muß diese Selber-Liebe sein! Wieviel Verachtung hat sie wider sich!

Auch dieser da liebte sich, wie er sich verachtete, – ein großer Liebender ist er mir und ein großer Verächter.

Keinen fand ich noch, der sich tiefer verachtet hätte: auch *das* ist Höhe. Wehe, war *der* vielleicht der höhere Mensch, dessen Schrei ich hörte?

Ich liebe die großen Verachtenden. Der Mensch aber ist etwas, das überwunden werden muß." – –

Mittags. – Und Zarathustra lief und lief und fand niemanden mehr und war allein und fand immer wieder sich und genoß und schlürfte seine Einsamkeit und dachte an gute Dinge, – stundenlang. Um die Stunde des Mittags aber, als die Sonne gerade über Zarathustras Haupte stand, kam er an einem alten krummen und knorrichten Baume vorbei, der von der reichen Liebe eines Weinstocks rings umarmt und vor sich selber verborgen war: von dem hingen gelbe Trauben in Fülle dem Wandernden entgegen. Da gelüstete ihn, einen kleinen Durst zu löschen und sich eine Traube abzubrechen; als er aber schon den Arm dazu ausstreckte, da gelüstete ihn etwas anderes noch mehr: nämlich sich neben den Baum niederzulegen, um die Stunde des vollkommnen Mittags, und zu schlafen.

Dies tat Zarathustra; und sobald er auf dem Boden lag, in der Stille und Heimlichkeit des bunten Grases, hatte er auch schon seinen kleinen Durst vergessen und schlief ein. Denn, wie das Sprichwort Zarathustras sagt: Eins ist notwendiger als das Andre. Nur daß seine Augen offenblieben: – sie wurden nämlich nicht satt, den Baum und die Liebe des Weinstocks zu sehn und zu preisen. Im Einschlafen aber sprach Zarathustra also zu seinem Herzen:

„Still! Still! Ward die Welt nicht eben vollkommen? Was geschieht mir doch?

Wie ein zierlicher Wind, ungesehen, auf getäfeltem Meere tanzt, leicht, federleicht: so – tanzt der Schlaf auf mir [...].

Er überredet mich, ich weiß nicht wie?, er betupft mich innewendig mit schmeichelnder Hand, er zwingt mich. Ja, er zwingt mich, daß meine Seele sich ausstreckt: –

– wie sie mir lang und müde wird, meine wunderliche Seele! Kam ihr eines siebenten Tages Abend gerade am Mittage? Wandelte sie zu lange schon selig zwischen guten und reifen Dingen?

Sie streckt sich lang aus, lang, – länger! sie liegt stille, meine wunderliche Seele. Zu viel Gutes hat sie schon geschmeckt, diese goldene Traurigkeit drückt sie, sie verzieht den Mund.

– Wie ein Schiff, das in seine stille Bucht einlief: – nun lehnt es sich an die Erde, der langen Reisen müde und der ungewissen Meere. Ist die Erde nicht treuer?

Wie solch ein Schiff sich dem Lande anlegt, anschmiegt: – da genügt's, daß eine Spinne vom Lande her zu ihm ihren Faden spinnt. Keiner stärkeren Taue bedarf es da.

Wie solch ein müdes Schiff in der stillsten Bucht: so ruhe auch ich nun der Erde nahe, treu, zutrauend, wartend, mit den leisesten Fäden ihr angebunden.

O Glück! O Glück! Willst du wohl singen, o meine Seele? Du liegst im Grase. Aber das ist die heimliche feierliche Stunde, wo kein Hirt seine Flöte bläst.

Scheue dich! Heißer Mittag schläft auf den Fluren. Singe nicht! Still! Die Welt ist vollkommen.

Singe nicht, du Gras-Geflügel, o meine Seele! Flüstere nicht einmal! Sieh doch – still! der alte Mittag schläft, er bewegt den Mund: trinkt er nicht eben einen Tropfen Glücks –

– einen alten braunen Tropfen goldenen Glücks, goldenen Weins? Er huscht über ihn hin, sein Glück lacht. So – lacht ein Gott. Still!

– ‚Zum Glück, wie wenig genügt schon zum Glücke!' So sprach ich einst und dünkte mich klug. Aber es war eine Lästerung: *das* lernte ich nun. Kluge Narrn reden besser.

Das Wenigste gerade, das Leiseste, Leichteste, einer Eidechse Rascheln, ein Hauch, ein Husch, ein Augen-Blick – *Wenig* macht die Art des *besten* Glücks. Still!

– Was geschah mir: Horch! Flog die Zeit wohl davon? Falle ich nicht? Fiel ich nicht – horch! in den Brunnen der Ewigkeit?

– Was geschieht mir? Still! Es sticht mich – wehe – ins Herz: Ins Herz! O zerbrich, zerbrich, Herz, nach solchem Glücke, nach solchem Stiche!

– Wie? Ward die Welt nicht eben vollkommen? Rund und reif? O des goldenen runden Reifs – wohin fliegt er wohl? Laufe ich ihm nach! Husch!

Still – –" (und hier dehnte sich Zarathustra und fühlte, daß er schlafe.)

„Auf!" sprach er zu sich selber, „du Schläfer! Du Mittagsschläfer! Wohlan, wohlauf, ihr alten Beine! Zeit ist's und Überzeit, manch gut Stück Wegs blieb euch noch zurück –

Nun schlieft ihr euch aus, wie lange doch? Eine halbe Ewigkeit! Wohlan, wohlauf nun, mein altes Herz! Wie lange erst darfst du nach solchem Schlaf – dich auswachen?"

(Aber da schlief er schon von neuem ein, und seine Seele sprach gegen ihn und wehrte sich und legte sich wieder hin) – „Laß mich doch! Still! Ward nicht die Welt eben vollkommen? O des goldnen runden Balls!" –

„Steh auf," sprach Zarathustra, „du kleine Diebin, du Tagediebin! Wie? Immer noch sich strecken, gähnen, seufzen, hinunterfallen in tiefe Brunnen?

Wer bist du doch! O meine Seele!" (und hier erschrak er, denn ein Sonnenstrahl fiel vom Himmel herunter auf sein Gesicht).

„O Himmel über mir", sprach er seufzend und setzte sich aufrecht, „du schaust mir zu? Du horchst meiner wunderlichen Seele zu?

Wann trinkst du diesen Tropfen Tau's, der auf alle Erden-Dinge niederfiel, – wann trinkst du diese wunderliche Seele –;

– wann, Brunnen der Ewigkeit! du heiterer schauerlicher Mittags-Abgrund! wann trinkst du meine Seele in dich zurück?"

Also sprach Zarathustra und erhob sich von seinem Lager am Baume wie aus einer fremden Trunkenheit: und siehe, da stand die Sonne immer noch gerade über seinem Haupte. Es möchte aber einer daraus mit Recht abnehmen, daß Zarathustra damals nicht lange geschlafen habe.

[23] *Das trunkene Lied.* – Lerntet ihr nun mein Leid? Errietet ihr, was es will? Wohlan! Wohlauf! Ihr höheren Menschen, so singt mir nun meinen Rundgesang!

Singt mir nun selber das Lied, des Name ist ‚Noch einmal', des Sinn ist ‚in alle Ewigkeit!' – singt, ihr höheren Menschen Zarathustras Rundgesang!

O Mensch! Gib acht!
Was spricht die tiefe Mitternacht?
„Ich schlief, ich schlief –,
Aus tiefem Traum bin ich erwacht: –
Die Welt ist tief,

Und tiefer als der Tag gedacht.
Tief ist ihr Weh –,
Lust – tiefer noch als Herzeleid:
Weh spricht: Vergeh!
Doch alle Lust will Ewigkeit –,
– will tiefe, tiefe Ewigkeit!“

(gleichlautend wie der Ausklang
des ‚anderen Tanzlieds' aus Zarathustra III)

Aus: Jenseits von Gut und Böse

VII. Unsere Tugenden

230

[24] Es sind schöne, glitzernde, klirrende, festliche Worte: Redlichkeit, Liebe zur Wahrheit, Liebe zur Weisheit, Aufopferung für die Erkenntnis, Heroismus des Wahrhaftigen, – es ist etwas daran, das einem den Stolz schwellen macht. Aber wir sind Einsiedler und Murmeltiere, wir haben uns längst in aller Heimlichkeit eines Einsiedler-Gewissens überredet, daß auch dieser würdige Wort-Prunk zu dem alten Lügen-Putz, -Plunder und -Goldstaub der unbewußten menschlichen Eitelkeit gehört, und daß auch unter solcher schmeichlerischen Farbe und Übermalung der schreckliche Grundtext homo natura wieder herauserkannt werden muß. Den Menschen nämlich zurückübersetzen in die Natur; über die vielen eitlen und schwärmerischen Deutungen und Nebensinne Herr werden, welche bisher über jenen ewigen Grundtext homo natura gekritzelt und gemalt wurden; machen, daß der Mensch fürderhin vor dem Menschen steht, wie er heute schon, hartgeworden in der Zucht der Wissenschaft, vor der *anderen* Natur steht, mit unerschrockenen Ödipus-Augen und verklebten Odysseus-Ohren, taub gegen die Lockweisen alter metaphysischer Vogelfänger, welche ihm allzulange zugeflötet haben: „Du bist mehr! du bist höher! du bist anderer Herkunft!“ – das mag eine seltsame und tolle Aufgabe sein, aber es ist eine *Aufgabe* – wer wollte das leugnen! Warum wir sie wählten, diese tolle Aufgabe? Oder anders gefragt: „Warum überhaupt Erkenntnis?“ – Jedermann wird uns darnach fragen. Und wir, solchermaßen gedrängt, wir, die wir uns hunderte Male selbst schon ebenso gefragt haben, wir fanden und finden keine bessere Antwort – –

240

[25] Ich hörte, wieder einmal zum ersten Male – Richard Wagners Ouvertüre zu den *Meistersingern:* das ist eine prachtvolle, überladne, schwere und späte Kunst, welche den Stolz hat, zu ihrem Verständnisse zwei Jahrhunderte Musik als noch lebendig vorauszusetzen: – es ehrt die Deutschen, daß sich ein solcher Stolz nicht verrechnete! Was für Säfte und Kräfte, was für Jahreszeiten und Himmelsstriche sind hier nicht gemischt! Das mutet uns bald altertümlich, bald fremd, herb und überjung an, das ist ebenso will-

kürlich als pomphaft-herkömmlich, das ist nicht selten schelmisch, noch öfter derb und grob, – das hat Feuer und Mut und zugleich die schlaffe falbe Haut von Früchten, welche zu spät reif werden. Das strömt breit und voll: und plötzlich ein Augenblick unerklärlichen Zögerns, gleichsam eine Lücke, die zwischen Ursache und Wirkung aufspringt, ein Druck, der uns träumen macht, beinahe ein Alpdruck – aber schon breitet und weitet sich wieder der alte Strom von Behagen aus, von vielfältigstem Behagen, von altem und neuem Glück, *sehr* eingerechnet das Glück des Künstlers an sich selber, dessen er nicht Hehl haben will, sein erstauntes glückliches Mitwissen um die Meisterschaft seiner hier verwendeten Mittel, neuer, neuerworbener, unausgeprobter Kunstmittel, wie er uns zu verraten scheint. Alles in allem, keine Schönheit, kein Süden, nichts von südlicher feiner Helligkeit des Himmels, nichts von Grazie, kein Tanz, kaum ein Wille zur Logik; eine gewisse Plumpheit sogar, die noch unterstrichen wird, wie als ob der Künstler uns sagen wollte: „Sie gehört zu meiner Absicht", eine schwerfällige Gewandung, etwas Willkürlich-Barbarisches und Feierliches, ein Geflirr von gelehrten und ehrwürdigen Kostbarkeiten und Spitzen; etwas Deutsches, im besten und schlimmsten Sinn des Wortes, etwas auf deutsche Art Vielfaches, Unförmliches und Unausschöpfliches; eine gewisse deutsche Mächtigkeit und Überfülle der Seele, welche keine Furcht hat, sich unter die raffinements des Verfalls zu verstecken, – die sich dort vielleicht erst am wohlsten fühlt; ein rechtes echtes Wahrzeichen der deutschen Seele, die zugleich jung und veraltet, übermürbe und überreich noch an Zukunft ist. Diese Art Musik drückt am besten aus, was ich von den Deutschen halte: sie sind von vorgestern und von übermorgen, – *sie haben noch kein Heute.*

IX. Was ist vornehm?

295

Das Genie des Herzens, wie es jener große Verborgene hat, der Versucher-Gott und geborene Rattenfänger der Gewissen, dessen Stimme bis in die Unterwelt jeder Seele hinabzusteigen weiß, welcher nicht ein Wort sagt, nicht einen Blick blickt, in dem nicht eine Rücksicht und Falte der Lockung läge, zu dessen Meisterschaft es gehört, daß er zu scheinen versteht – und nicht das, was er ist, sondern was denen, die ihm folgen, ein Zwang *mehr* ist, um sich immer näher an ihn zu drängen, um ihm immer innerlicher und gründlicher zu folgen –: das Genie des Herzens, das alles Laute und Selbstgefällige verstummen macht und horchen lehrt, das die rauhen Seelen glättet und ihnen ein neues Verlangen zu kosten gibt – still zu liegen wie ein Spiegel, daß sich der tiefe Himmel auf ihnen spiegele –; das Genie des Herzens, das die tölpische und überraschende Hand zögern und zierlicher greifen lehrt; das den verborgenen und vergessenen Schatz, den Tropfen Güte und süßer Geistigkeit unter trübem, dickem Eise errät und eine Wünschelrute für jedes Korn Goldes ist, welches lange im Kerker vielen Schlamms und Sandes begraben lag; das Genie des Herzens, von dessen Berührung jeder reicher fortgeht, nicht begnadet und überrascht, nicht wie von fremdem Gute beglückt und bedrückt, sondern reicher an sich selber, sich neuer als zuvor, aufgebrochen, von einem Tauwinde angeweht und ausgehorcht, unsicherer vielleicht, zärtlicher, zerbrechlicher, zerbrochener, aber voller Hoffnungen, die noch keinen Namen haben, voll neuen Willens und Strömens, voll neuen Unwillens und Zurückströmens – – aber was tue ich, meine Freunde? Von wem rede ich zu euch? Vergaß ich mich so weit, daß ich euch nicht einmal seinen Namen nannte? Es sei denn, daß ihr nicht schon von selbst errietet, wer dieser fragwürdige Geist und Gott ist, der in solcher Weise *gelobt* sein will. Wie es nämlich einem jeden ergeht, der von Kindesbeinen an immer unterwegs und in der Fremde war, so sind auch mir manche seltsame und nicht ungefährliche Geister über den Weg gelaufen, vor allem aber der, von dem ich eben sprach, und dieser immer wieder, kein Geringerer nämlich als der Gott *Dionysos,* jener große Zweideutige und Versucher-Gott, dem ich einstmals, wie ihr wißt, in aller Heimlichkeit und Ehrfurcht meine Erstlinge dargebracht habe – (als der letzte, wie mir scheint, der ihm ein *Opfer* dargebracht hat: denn ich fand keinen, der es verstanden hätte, was ich damals tat). Inzwischen lernte ich vieles, allzuvieles über die Philosophie dieses Gottes hinzu, und, wie gesagt, von Mund zu Mund – ich, der letzte Jünger und Eingeweihte des Gottes Dionysos: und ich dürfte wohl endlich einmal damit anfangen, euch, meinen Freunden, ein wenig, soweit es mir erlaubt ist, von dieser Philosophie zu kosten zu geben? Mit halber Stimme, wie billig: denn es handelt sich dabei um mancherlei Heimliches, Neues, Fremdes, Wunderliches, Unheimliches. Schon daß Dionysos ein Philosoph ist, und daß also auch Götter philosophieren, scheint mir eine Neuigkeit, welche nicht unverfänglich ist und die vielleicht gerade unter Philosophen Mißtrauen erregen möchte – unter euch, meine Freunde, hat sie schon weniger gegen sich, es sei denn, daß sie zu spät und nicht zur rechten Stunde kommt: denn ihr glaubt heute ungern, wie man mir verraten hat, an Gott und Götter. Vielleicht auch, daß ich in der Freimütigkeit meiner Erzählung weiter gehn muß, als den strengen Gewohnheiten eurer Ohren immer liebsam ist? Gewißlich ging der genannte Gott bei dergleichen Zwiegesprächen weiter, sehr viel weiter, und war immer um viele Schritte mir voraus ... Ja, ich würde, falls es erlaubt wäre, ihm nach Menschenbrauch schöne, feierliche Prunk- und Tugendnamen beizulegen, viel Rühmens von seinem Forscher- und Entdeckermute, von seiner gewagten Redlichkeit, Wahrhaftigkeit und Liebe zur Weisheit zu machen haben. Aber mit all diesem ehrwürdigen Plunder und Prunk weiß ein solcher Gott nichts anzufangen. „Behalte dies", würde er sagen, „für dich und deinesgleichen und wer sonst es nötig hat! Ich – habe keinen Grund, meine Blöße zu decken!" – Man errät: es fehlt dieser Art von Gottheit und Philosophen vielleicht an Scham? – So sagte er einmal: „Unter Umständen liebe ich den Menschen" – und dabei spielte er auf Ariadne an, die zugegen war –, „der Mensch ist mir ein angenehmes, tapferes, erfinderisches Tier, das auf Erden nicht seinesgleichen hat, es findet sich in allen Labyrinthen noch zurecht. Ich bin ihm gut: ich denke oft darüber nach, wie ich ihn noch vorwärts bringe und ihn stärker, böser und tiefer mache, als er ist." – „Stärker, böser und tiefer?" fragte ich erschreckt. „Ja", sagte er noch einmal, „stärker, böser und tiefer; auch schöner" – und dazu lächelte der Versucher-Gott mit seinem halkyonischen Lächeln, wie als ob er eben eine bezaubernde Artigkeit gesagt habe. Man sieht hier zugleich: es fehlt dieser Gottheit nicht nur an Scham –; und es gibt überhaupt gute Gründe dafür, zu mutmaßen, daß in einigen Stücken die Götter insgesamt bei uns Menschen in die Schule gehn könnten. Wir Menschen sind – menschlicher. –

Aus: Zur Genealogie der Moral

„Jenseits von Gut und Böse" zur Ergänzung und Verdeutlichung beigegeben

Vorrede

1

Wir sind uns unbekannt, wir Erkennenden, wir selbst uns selbst: das hat seinen guten Grund. Wir haben nie nach uns gesucht – wie sollte es geschehn, daß wir eines Tags uns *fänden?* Mit Recht hat man gesagt: „Wo euer Schatz ist, da ist auch euer Herz"; *unser* Schatz ist, wo die Bienenkörbe unsrer Erkenntnis stehn. Wir sind immer dazu unterwegs, als geborne Flügeltiere und Honigsammler des Geistes, wir kümmern uns von Herzen eigentlich nur um eins – etwas „heimzubringen". Was das Leben sonst, die sogenannten „Erlebnisse" angeht – wer von uns hat dafür auch nur Ernst genug? Oder Zeit genug? Bei solchen Sachen waren wir, fürchte ich, nie recht „bei der Sache": wir haben eben unser Herz nicht dort – und nicht einmal unser Ohr! Vielmehr wie ein Göttlich-Zerstreuter und In-sich-Versenkter, dem die Glocke eben mit aller Macht ihre zwölf Schläge des Mittags ins Ohr gedröhnt hat, mit einem Male aufwacht und sich fragt: „Was hat es da eigentlich geschlagen?", so reiben auch wir uns mitunter *hinterdrein* die Ohren und fragen, ganz erstaunt, ganz betreten: „Was haben wir da eigentlich erlebt? Mehr noch: wer *sind* wir eigentlich?" und zählen nach, hinterdrein, wie gesagt, alle die zitternden zwölf Glockenschläge unsres Erlebnisses, unsres Lebens, unseres *Seins* – ach! und verzählen uns dabei ... Wir bleiben uns eben notwendig fremd, wir verstehn uns nicht, wir *müssen* uns verwechseln, für uns heißt der Satz in alle Ewigkeit: „Jeder ist sich selbst der Fernste" – für uns sind wir keine „Erkennenden" ...

2

– Meine Gedanken über die *Herkunft* unsrer moralischen Vorurteile – denn um sie handelt es sich in dieser Streitschrift – haben ihren ersten, sparsamen und vorläufigen Ausdruck in jener Aphorismen-Sammlung erhalten, die den Titel trägt „Menschliches, Allzumenschliches. Ein Buch für freie Geister", und deren Niederschrift in Sorrent begonnen wurde, während eines Winters, welcher es mir erlaubte, haltzumachen, wie ein Wandrer haltmacht, und das weite und gefährliche Land zu überschauen, durch das mein Geist bis dahin gewandert war. Dies geschah im Winter 1876–77; die Gedanken selbst sind älter. Es waren in der Hauptsache schon die gleichen Gedanken, die ich in den vorliegenden Abhandlungen wieder aufnehme: – hoffen wir, daß die lange Zwischenzeit ihnen gut getan hat, daß sie reifer, heller, stärker, vollkommner geworden sind! *Daß* ich aber heute noch an ihnen festhalte, daß sie sich selber inzwischen immer fester aneinander gehalten haben, ja ineinander gewachsen und verwachsen sind, das stärkt in mir die frohe Zuversichtlichkeit, sie möchten von Anfang an in mir nicht einzeln, nicht beliebig, nicht sporadisch entstanden sein, sondern aus einer gemeinsamen Wurzel heraus, aus einem in der Tiefe gebietenden, immer bestimmter redenden, immer Bestimmteres verlangenden *Grundwillen* der Erkenntnis. So allein nämlich geziemt es sich bei einem Philosophen. Wir haben kein Recht darauf, irgendworin *einzeln* zu sein: wir dürfen weder einzeln irren, noch einzeln die Wahrheit treffen. Vielmehr mit der Notwendigkeit, mit der ein Baum seine Früchte trägt, wachsen aus uns unsre Gedanken, unsre Werte, unsre Jas und Neins und Wenns und Obs – verwandt und bezüglich allesamt untereinander und Zeugnisse eines Willens, einer Gesundheit, eines Erdreichs, einer Sonne. – Ob sie *euch* schmecken, diese unsre Früchte? – Aber was geht das die Bäume an! Was geht das *uns* an, uns Philosophen! …

II. ‚Schuld', ‚schlechtes Gewissen' und Verwandtes

24

[26] Ich schließe mit drei Fragezeichen, man sieht es wohl. „Wird hier eigentlich ein Ideal aufgerichtet oder eins abgebrochen?" so fragt man mich vielleicht … Aber habt ihr euch selber je genug gefragt, wie teuer sich auf Erden die Aufrichtung *jedes* Ideals bezahlt gemacht hat? Wieviel Wirklichkeit immer dazu verleumdet und verkannt, wieviel Lüge geheiligt, wieviel Gewissen verstört, wieviel „Gott" jedes Mal geopfert werden mußte? Damit ein Heiligtum aufgerichtet werden kann, *muß ein Heiligtum zerbrochen werden:* das ist das Gesetz – man zeige mir den Fall, wo es nicht erfüllt ist! … Wir modernen Menschen, wir sind die Erben der Gewissens-Visisektion und Selbst-Tierquälerei von Jahrtausenden: darin haben wir unsre längste Übung, unsre Künstlerschaft vielleicht, in jedem Fall unser Raffinement, unsre Geschmacks-Ver-

wöhnung. Der Mensch hat allzulange seine natürlichen Hänge mit „bösem Blick" betrachtet, so daß sie sich in ihm schließlich mit dem „schlechten Gewissen" verschwistert haben. Ein umgekehrter Versuch wäre *an sich* möglich – aber wer ist stark genug dazu? – nämlich die *unnatürlichen* Hänge, alle jene Aspirationen zum Jenseitigen, Sinnenwidrigen, Instinktwidrigen, Naturwidrigen, Tierwidrigen, kurz die bisherigen Ideale, die allesamt lebensfeindliche Ideale, Weltverleumder-Ideale sind, mit dem schlechten Gewissen zu verschwistern. An wen sich heute mit *solchen* Hoffnungen und Ansprüchen wenden? ... Gerade die *guten* Menschen hätte man damit gegen sich; dazu, wie billig, die bequemen, die versöhnten, die eitlen, die schwärmerischen, die müden ... Was beleidigt tiefer, was trennt so gründlich ab, als etwas von der Strenge und Höhe merken zu lassen, mit der man sich selbst behandelt? Und wiederum – wie entgegenkommend, wie liebreich zeigt sich alle Welt gegen uns, sobald wir es machen wie alle Welt und uns „gehen lassen" wie alle Welt! ... Es bedürfte zu jenem Ziele einer *andren* Art Geister, als gerade in diesem Zeitalter wahrscheinlich sind: Geister, durch Kriege und Siege gekräftigt, denen die Eroberung, das Abenteuer, die Gefahr, der Schmerz sogar zum Bedürfnis geworden ist; es bedürfte dazu der Gewöhnung an scharfe hohe Luft, an winterliche Wanderungen, an Eis und Gebirge in jedem Sinne, es bedürfte dazu einer Art sublimer Bosheit selbst, eines letzten, selbstgewissesten Mutwillens der Erkenntnis, welcher zur großen Gesundheit gehört, es bedürfte, kurz und schlimm genug, eben dieser *großen Gesundheit!* ... Ist diese gerade heute auch nur möglich? ... Aber irgendwann, in einer stärkeren Zeit, als diese morsche, selbstzweiflerische Gegenwart ist, muß er uns doch kommen, der *erlösende* Mensch der großen Liebe und Verachtung, der schöpferische Geist, den seine drängende Kraft aus allem Abseits und Jenseits immer wieder wegtreibt, dessen Einsamkeit vom Volke mißverstanden wird, wie als ob sie eine Flucht *vor* der Wirklichkeit sei –: während sie nur seine Versenkung, Vergrabung, Vertiefung *in* die Wirklichkeit ist, damit er einst aus ihr, wenn er wieder ans Licht kommt, die *Erlösung* dieser Wirklichkeit heimbringe: ihre Erlösung von dem Fluche, den das bisherige Ideal auf sie gelegt hat. Dieser Mensch der Zukunft, der uns ebenso vom bisherigen Ideal erlösen wird, als von dem, *was aus ihm wachsen mußte,* vom großen Ekel, vom Willen zum Nichts, vom Nihilismus, dieser Glockenschlag des Mittags und der großen Entscheidung, der den Willen wieder frei macht, der der Erde ihr Ziel und dem Menschen seine Hoffnung zurückgibt, dieser Antichrist und Antinihilist, dieser Besieger Gottes und des Nichts – *er muß einst kommen* …

25

– Aber was rede ich da? Genug! Genug! An dieser Stelle geziemt mir nur eins, zu schweigen: ich vergriffe mich sonst an dem, was einem Jüngeren allein freisteht, einem „Zukünftigen", einem Stärkeren, als ich bin, – was allein *Zarathustra* freisteht, *Zarathustra dem Gottlosen* …

III. Was bedeuten asketische Ideale?

[27] – Genug! Genug! Lassen wir diese Kuriositäten und Komplexitäten des modernen Geistes, an denen ebensoviel zum Lachen als zum Verdrießen ist: gerade *unser* Problem kann deren entraten, das Problem von der *Bedeutung* des asketischen Ideals, – was hat dasselbe mit Gestern und Heute zu tun! Jene Dinge sollen vor mir in einem anderen Zusammenhange gründlicher und härter angefaßt werden (unter dem Titel „Zur Geschichte des europäischen Nihilismus"; ich verweise dafür auf ein Werk, das ich vorbereite: *Der Wille zur Macht. Versuch einer Umwertung aller Werte*). Worauf es mir allein ankommt hier hingewiesen zu haben, ist dies: das asketische Ideal hat auch in der geistigsten Sphäre einstweilen immer nur noch eine Art von wirklichen Feinden und *Schädigern:* das sind die Komödianten dieses Ideals, – denn sie wecken Mißtrauen. Überall sonst, wo der Geist heute streng, mächtig und ohne Falschmünzerei am Werke ist, entbehrt er jetzt überhaupt des Ideals – der populäre Ausdruck für diese Abstinenz ist „Atheismus" –: *abgerechnet seines Willens zur Wahrheit.* Dieser Wille aber, dieser *Rest* von Ideal, ist, wenn man mir glauben will, jenes Ideal selbst in seiner strengsten, geistigsten Formulierung, esoterisch ganz und gar, alles Außenwerks entkleidet, somit nicht sowohl sein Rest, als sein Kern. Der unbedingte redliche Atheismus (– und *seine* Luft allein atmen wir, wir geistigeren Menschen dieses Zeitalters!) steht demgemäß *nicht* im Gegensatz zu jenem Ideale, wie es den Anschein hat; er ist vielmehr nur eine seiner letzten Entwicklungsphasen, eine seiner Schlußformen und inneren Folgerichtigkeiten, – er ist die ehrfurchtgebietende *Katastrophe* einer zweitausendjährigen Zucht zur Wahrheit, welche am Schlusse sich die *Lüge im Glauben an Gott* verbietet. (Derselbe Entwicklungsgang in Indien, in vollkommner Unabhängigkeit, und deshalb etwas beweisend; dasselbe Ideal zum gleichen

Schlusse zwingend; der entscheidende Punkt fünf Jahrhunderte vor der europäischen Zeitrechnung erreicht, mit Buddha, genauer: schon mit der Sankhyam-Philosophie, diese dann durch Buddha popularisiert und zur Religion gemacht.) *Was,* in aller Strenge gefragt, hat eigentlich über den christlichen Gott *gesiegt?* Die Antwort steht in meiner „fröhlichen Wissenschaft": „die christliche Moralität selbst, der immer strengergenommene Begriff der Wahrhaftigkeit, die Beichtväter-Feinheit des christlichen Gewissens, übersetzt und sublimiert zum wissenschaftlichen Gewissen, zur intellektuellen Sauberkeit um jeden Preis. Die Natur ansehn, als ob sie ein Beweis für die Güte und Obhut eines Gottes sei; die Geschichte interpretieren zu Ehren einer göttlichen Vernunft, als beständiges Zeugnis einer sittlichen Weltordnung und sittlicher Schlußabsichten; die eigenen Erlebnisse auslegen, wie sie fromme Menschen lange genug ausgelegt haben, wie als ob alles Fügung, alles Wink, alles dem Heil der Seele zuliebe ausgedacht und geschickt sei: das ist nunmehr *vorbei,* das hat das Gewissen *gegen* sich, das gilt allen feineren Gewissen als unanständig, unehrlich, als Lügnerei, Feminismus, Schwachheit, Feigheit, – mit dieser Strenge, wenn irgend womit, sind wir eben *gute Europäer* und Erben von Europas längster und tapferster Selbstüberwindung" ... Alle großen Dinge gehen durch sich selbst zugrunde, durch einen Akt der Selbstaufhebung: so will es das Gesetz des Lebens, das Gesetz der *notwendigen* „Selbstüberwindung" im Wesen des Lebens, – immer ergeht zuletzt an den Gesetzgeber selbst der Ruf: „Patere legem, quam ipse tulisti." Dergestalt ging das Christentum *als Dogma* zugrunde, an seiner eigenen Moral; dergestalt muß nun auch das Christentum *als Moral* noch zugrunde gehn, – wir stehen an der Schwelle *dieses* Ereignisses. Nachdem die christliche Wahrhaftigkeit einen Schluß nach dem andern gezogen hat, zieht sie am Ende ihren *stärksten Schluß,* ihren Schluß *gegen* sich selbst; dies aber geschieht, wenn sie die Frage stellt *„Was bedeutet aller Wille zur Wahrheit?"* ... Und hier rühre ich wieder an mein Problem, an unser Problem, meine *unbekannten* Freunde (– denn noch *weiß* ich von keinem Freunde): welchen Sinn hätte *unser* ganzes Sein, wenn nicht den, daß in uns jener Wille zur Wahrheit sich selbst *als Problem* zum Bewußtsein gekommen wäre? ... An diesem Sich-bewußt-Werden des Willens zur Wahrheit geht von nun an – daran ist kein Zweifel – die Moral *zugrunde:* jenes große Schauspiel in hundert Akten, das den nächsten zwei Jahrhunderten Europas aufgespart bleibt, das furchtbarste, fragwürdigste und vielleicht auch hoffnungsreichste aller Schauspiele ...

28

Sieht man vom asketischen Ideale ab: so hatte der Mensch, das *Tier* Mensch bisher keinen Sinn. Sein Dasein auf Erden enthielt kein Ziel; „Wozu Mensch überhaupt?" – war eine Frage ohne Antwort; der *Wille* für Mensch und Erde fehlte; hinter jedem großen Menschen-Schicksale klang als Refrain ein noch größeres „Umsonst!". *Das* eben bedeutet das asketische Ideal: daß etwas *fehlte,* daß eine ungeheure *Lücke* den Menschen umstand, – er wußte sich selbst nicht zu rechtfertigen, zu erklären, zu bejahen, er *litt* am Probleme seines Sinns. Er litt auch sonst, er war in der Hauptsache ein *krankhaftes* Tier: aber *nicht* das Leiden selbst war sein Problem, sondern daß die Antwort fehlte für den Schrei der Frage „*Wozu* leiden?". Der Mensch, das tapferste und leidgewohnteste Tier, verneint an sich *nicht* das Leiden: er *will* es, er sucht es selbst auf, vorausgesetzt, daß man ihm einen *Sinn* dafür aufzeigt, ein *Dazu* des Leidens. Die Sinnlosigkeit des Leidens, *nicht* das Leiden, war der Fluch, der bisher über der Menschheit ausgebreitet lag, – *und das asketische Ideal bot ihr einen Sinn!* Es war bisher der einzige Sinn; irgendein Sinn ist besser als gar kein Sinn; das asketische Ideal war in jedem Betracht das *„faute de mieux"* par excellence, das es bisher gab. In ihm war das Leiden *ausgelegt;* die ungeheure Leere schien ausgefüllt; die Tür schloß sich vor allem selbstmörderischen Nihilismus zu. Die Auslegung – es ist kein Zweifel – brachte neues Leiden mit sich, tieferes, innerlicheres, giftigeres, am Leben nagenderes: sie brachte alles Leiden unter die Perspektive der *Schuld* ... Aber trotz alledem – der Mensch war damit *gerettet,* er hatte einen *Sinn,* er war fürderhin nicht mehr wie ein Blatt im Winde, ein Spielball des Unsinns, des „Ohne-Sinns", er konnte nunmehr etwas *wollen,* – gleichgültig zunächst, wohin, wozu, womit er wollte: *der Wille selbst war gerettet.* Man kann sich schlechterdings nicht verbergen, *was* eigentlich jenes ganze Wollen ausdrückt, das vom asketischen Ideale her seine Richtung bekommen hat: dieser Haß gegen das Menschliche, mehr noch gegen das Tierische, mehr noch gegen das Stoffliche, dieser Abscheu vor den Sinnen, vor der Vernunft selbst, diese Furcht vor dem Glück und der Schönheit, dieses Verlangen hinweg aus allem Schein, Wechsel, Werden, Tod, Wunsch, Verlangen selbst – das alles bedeutet, wagen wir es, dies zu begreifen, einen *Willen zum Nichts [...].* Und, um es noch zum Schluß zu sagen, was ich anfangs sagte: lieber will noch der Mensch *das Nichts* wollen, als *nicht* wollen ...

Aus: Götzen-Dämmerung

oder wie man mit dem Hammer philosophiert

Vorwort

[28] Inmitten einer düstern und über die Maßen verantwortlichen Sache seine Heiterkeit aufrecht erhalten ist nichts Kleines von Kunststück: und doch, was wäre nötiger als Heiterkeit? Kein Ding gerät, an dem nicht der Übermut seinen Teil hat. Das Zuviel von Kraft ist der Beweis der Kraft. – Eine *Umwertung aller Werte,* dies Fragezeichen so schwarz, so ungeheuer, daß es Schatten auf den wirft, der es setzt, – ein solches Schicksal von Aufgabe zwingt jeden Augenblick, in die Sonne zu laufen, einen schweren, allzuschwer gewordnen Ernst von sich zu schütteln. Jedes Mittel ist dazu recht, jeder „Fall" ein Glücksfall. Vor allem der *Krieg.* Der Krieg war immer die große Klugheit aller zu innerlich, zu tief gewordnen Geister; selbst in der Verwundung liegt noch Heilkraft. Ein Spruch, dessen Herkunft ich der gelehrten Neugierde vorenthalte, war seit langem mein Wahlspruch:

increscunt animi, virescit volnere virtus.

Eine andre Genesung, unter Umständen mir noch erwünschter, ist *Götzen aushorchen* ... Es gibt mehr Götzen als Realitäten in der Welt: das ist *mein* „böser Blick" für diese Welt, das ist auch mein „böses *Ohr*"... Hier einmal mit dem *Hammer* Fragen stellen und, vielleicht, als Antwort jenen berühmten hohlen Ton hören, der von geblähten Eingeweiden redet – welches Entzücken für einen, der Ohren noch hinter den Ohren hat, – für mich alten Psychologen und Rattenfänger, vor dem gerade das, was still bleiben möchte, *laut werden muß* ...

Auch diese Schrift ist, wie der „Fall Wagner", vor allem eine Erholung, ein Sonnenfleck, ein Seitensprung in den Müßiggang eines Psychologen. Vielleicht auch ein neuer Krieg? Und werden neue Götzen ausgehorcht? ... Diese kleine Schrift ist eine *große Kriegserklärung;* und was das Aushorchen von Götzen anbetrifft, so sind es dies Mal keine Zeitgötzen, sondern *ewige* Götzen, an die hier mit dem Hammer wie mit einer Stimmgabel gerührt wird, – es gibt überhaupt keine älteren, keine überzeugteren, keine aufgeblaseneren Götzen ... Auch keine hohleren ... Das hindert nicht, daß sie die *geglaubtesten* sind; auch sagt man, zumal im vornehmsten Falle, durchaus nicht Götze ...

Turin, am 30. September 1888,
am Tage, da das erste Buch der „Umwertung
aller Werte" zu Ende kam

[29] Wie die „Wahre Welt" endlich zur Fabel wurde

Geschichte eines Irrtums

1. Die wahre Welt, erreichbar für den Weisen, den Frommen, den Tugendhaften, – er lebt in ihr, *er ist sie.*
   (Älteste Form der Idee, relativ klug, simpel, überzeugend. Umschreibung des Satzes „Ich, Plato, *bin* die Wahrheit".)
2. Die wahre Welt, unerreichbar für jetzt, aber versprochen für den Weisen, den Frommen, den Tugendhaften („für den Sünder, der Buße tut").
   (Fortschritt der Idee: sie wird feiner, verfänglicher, unfaßlicher, – *sie wird Weib,* sie wird christlich ...)
3. Die wahre Welt, unerreichbar, unbeweisbar, unversprechbar, aber schon als gedacht ein Trost, eine Verpflichtung, ein Imperativ.
   (Die alte Sonne im Grunde, aber durch Nebel und Skepsis hindurch; die Idee sublim geworden, bleich, nordisch, königsbergisch.)
4. Die wahre Welt – unerreichbar? Jedenfalls unerreicht. Und als unerreicht auch *unbekannt.* Folglich auch nicht tröstend, erlösend, verpflichtend: wozu könnte uns etwas Unbekanntes verpflichten? ...
   (Grauer Morgen. Erstes Gähnen der Vernunft. Hahnenschrei des Positivismus.)
5. Die „wahre Welt" – eine Idee, die zu nichts mehr nütz ist, nicht einmal mehr verpflichtend, – eine unnütz, eine überflüssig gewordene Idee, *folglich* eine widerlegte Idee: schaffen wir sie ab!
   (Heller Tag; Frühstück; Rückkehr des bon sens und der Heiterkeit; Schamröte Platos; Teufelslärm aller freien Geister.)
6. Die wahre Welt haben wir abgeschafft: welche Welt blieb übrig? die scheinbare vielleicht? ... Aber nein! *mit der wahren Welt haben wir auch die scheinbare abgeschafft!*
   (Mittag; Augenblick des kürzesten Schattens; Ende des längsten Irrtums; Höhepunkt der Menschheit; INCIPIT ZARATHUSTRA.)

5

G. Eliot. – Sie sind den christlichen Gott los und glauben nun um so mehr die christliche Moral festhalten zu müssen: das ist eine *englische* Folgerichtigkeit, wir wollen sie den Moral-Weiblein *à la* Eliot nicht verübeln. In England muß man sich für jede kleine Emanzipation von der Theologie in furchteinflößender Weise als Moral-Fanatiker wieder zu Ehren bringen. Das ist dort die *Buße*, die man zahlt. – Für uns andre steht es anders. Wenn man den christlichen Glauben aufgibt, zieht man sich damit das *Recht* zur christlichen Moral unter den Füßen weg. Diese versteht sich schlechterdings *nicht* von selbst: man muß diesen Punkt, den englischen Flachköpfen zum Trotz, immer wieder ans Licht stellen. Das Christentum ist ein System, eine zusammengedachte und *ganze* Ansicht der Dinge. Bricht man aus ihm einen Hauptbegriff, den Glauben an Gott, heraus, so zerbricht man damit auch das Ganze: man hat nichts Notwendiges mehr zwischen den Fingern. Das Christentum setzt voraus, daß der Mensch nicht wisse, nicht wissen *könne*, was für ihn gut, was böse ist: er glaubt an Gott, der allein es weiß. Die christliche Moral ist ein Befehl; ihr Ursprung ist transzendent; sie ist jenseits aller Kritik, alles Rechts auf Kritik; sie hat nur Wahrheit, falls Gott die Wahrheit ist – sie steht und fällt mit dem Glauben an Gott. – Wenn tatsächlich die Engländer glauben, sie wüßten von sich aus, „intuitiv", was gut und böse ist, wenn sie folglich vermeinen, das Christentum als Garantie der Moral nicht mehr nötig zu haben, so ist dies selbst bloß die *Folge* der Herrschaft des christlichen Werturteils und ein Ausdruck von der *Stärke* und *Tiefe* dieser Herrschaft: so daß der Ursprung der englischen Moral vergessen worden ist, so daß das Sehr-Bedingte ihres Rechts auf Dasein nicht mehr empfunden wird. Für den Engländer ist die Moral noch kein Problem …

48

Fortschritt in meinem Sinne. – Auch ich rede von „Rückkehr zur Natur", obwohl es eigentlich nicht ein Zurückgehn, sondern ein *Hinaufkommen* ist – hinauf in die hohe, freie, selbst furchtbare Natur und Natürlichkeit, eine solche, die mit großen Aufgaben spielt, spielen *darf* … Um es im *Gleichnis* zu sagen: Napoleon war ein Stück „Rückkehr zur Natur", so wie ich sie verstehe (zum Beispiel in rebus tacticis, noch mehr, wie die Militärs wissen, im Strategischen). – Aber Rousseau – wohin wollte *der* eigentlich zurück?

Rousseau, dieser erste moderne Mensch, Idealist und canaille in einer Person; der die moralische „Würde" nötig hatte, um seinen eignen Aspekt auszuhalten, krank vor zügelloser Eitelkeit und zügelloser Selbstverachtung. Auch diese Mißgeburt, welche sich an die Schwelle der neuen Zeit gelagert hat, wollte „Rückkehr zur Natur" – wohin, nochmals gefragt, wollte Rousseau zurück? [...]

51

Goethe ist der letzte Deutsche, vor dem ich Ehrfurcht habe; er hätte drei Dinge empfunden, die ich empfinde, – auch verstehen wir uns über das „Kreuz" ... Man fragt mich öfter, wozu ich eigentlich *deutsch* schriebe: nirgendswo würde ich schlechter gelesen, als im Vaterlande. Aber wer weiß zuletzt, ob ich auch nur *wünsche,* heute gelesen zu werden? – Dinge schaffen, an denen umsonst die Zeit ihre Zähne versucht; der Form nach, *der Substanz nach* um eine kleine Unsterblichkeit bemüht sein – ich war noch nie bescheiden genug, weniger von mir zu verlangen. Der Aphorismus, die Sentenz, in denen ich als der Erste unter Deutschen Meister bin, sind die Formen der „Ewigkeit"; mein Ehrgeiz ist, in zehn Sätzen zu sagen, was jeder andre in einem Buche sagt, – was jeder andre in einem Buche *nicht* sagt ...

Ich habe der Menschheit das tiefste Buch gegeben, das sie besitzt, meinen *Zarathustra:* ich gebe ihr über kurzem das unabhängigste. –

Was ich den Alten verdanke

5

Die Psychologie des Orgiasmus als eines überströmenden Lebens- und Kraftgefühls, innerhalb dessen selbst der Schmerz noch als Stimulans wirkt, gab mir den Schlüssel zum Begriff des *tragischen* Gefühls, das sowohl von Aristoteles als insonderheit von unsern Pessimisten mißverstanden worden ist. Die Tragödie ist so fern davon, etwas für den Pessimismus der Hellenen im Sinne Schopenhauers zu beweisen, daß sie vielmehr als dessen entscheidende Ablehnung und *Gegen-Instanz* zu gelten hat. Das Jasagen zum Leben selbst noch in seinen fremdesten und härtesten Problemen, der Wille zum Leben, im *Opfer* seiner höchsten Typen der eignen Unerschöpflichkeit frohwerdend – das nannte ich dionysisch, *das* erriet ich als die Brücke zur Psychologie des *tragischen* Dichters. *Nicht* um von Schrecken und Mitleiden loszukommen, nicht um sich von einem gefährlichen Affekt durch dessen vehemente Entladung zu reinigen – so verstand es Aristoteles –: sondern um, über Schrecken und Mitleid hinaus, die ewige Lust des Werdens *selbst zu sein,* – jene Lust, die auch noch die *Lust am Vernichten* in sich schließt ... Und damit berühre ich wieder die Stelle, von der ich einstmals ausging – die „Geburt der Tragödie" war meine erste Umwertung aller Werte: damit stelle ich mich wieder auf den Boden zurück, aus dem mein Wollen, mein *Können* wächst – ich, der letzte Jünger des Philosophen Dionysos, – ich, der Lehrer der ewigen Wiederkunft ...

Aus:
Der Antichrist

Fluch auf das Christentum

Vorwort

Dies Buch gehört den wenigsten. Vielleicht lebt selbst noch keiner von ihnen. Es mögen die sein, welche meinen Zarathustra verstehn: wie *dürfte* ich mich mit denen verwechseln, für welche heute schon Ohren wachsen? – Erst das Übermorgen gehört mir. Einige werden posthum geboren.

Die Bedingungen, unter denen man mich versteht und dann *mit Notwendigkeit* versteht – ich kenne sie nur zu genau. Man muß rechtschaffen sein in geistigen Dingen bis zur Härte, um auch nur meinen Ernst, meine Leidenschaft auszuhalten. Man muß geübt sein, auf Bergen zu leben – das erbärmliche Zeitgeschwätz von Politik und Völkerselbstsucht *unter* sich zu sehn. Man muß gleichgültig geworden sein, man muß nie fragen, ob die Wahrheit nützt, ob sie einem Verhängnis wird ... Eine Vorliebe der Stärke für Fragen, zu denen niemand heute den Mut hat; der Mut zum *Verbotenen;* die Vorherbestimmung zum Labyrinth. Eine Erfahrung aus sieben Einsamkeiten. Neue Ohren für neue Musik. Neue Augen für das Fernste. Ein neues Gewissen für bisher stumm gebliebene Wahrheiten. *Und* der Wille zur Ökonomie großen Stils: seine Kraft, seine *Begeisterung* beisammen behalten ... Die Ehrfurcht vor sich; die Liebe zu sich; die unbedingte Freiheit gegen sich ...

Wohlan! Das allein sind meine Leser, meine rechten Leser, meine vorherbestimmten Leser: was liegt am *Rest?* – Der Rest ist bloß die Menschheit. – Man muß der Menschheit überlegen sein durch Kraft, durch *Höhe* der Seele – durch Verachtung ...

1

– Sehen wir uns ins Gesicht. Wir sind Hyperboreer – wir wissen gut genug, wie abseits wir leben. „Weder zu Lande noch zu Wasser wirst du den Weg zu den Hyperboreern finden": das hat schon Pindar von uns gewußt. Jenseits des Nordens, des Eises, des Todes – *unser* Leben, *unser* Glück ... Wir haben das Glück entdeckt, wir wissen den Weg, wir fanden den Ausgang aus ganzen Jahrtausenden des Labyrinths. Wer fand ihn *sonst?* – Der moderne Mensch etwa? – „Ich weiß nicht aus noch ein; ich bin alles, was nicht aus noch ein weiß" – seufzt der moderne Mensch ... An *dieser* Modernität waren wir krank – am faulen Frieden, am feigen Kompromiß, an der ganzen tugendhaften Unsauberkeit des modernen Ja und Nein. Diese Toleranz und largeur des Herzens, die alles „verzeiht", weil sie alles „begreift", ist Schirokko für uns. Lieber im Eise leben, als unter modernen Tugenden und andren Südwinden! ... Wir waren tapfer genug, wir schonten weder uns noch andere: aber wir wußten lange nicht, *wohin* mit unsrer Tapferkeit. Wir wurden düster, man hieß uns Fatalisten. *Unser* Fatum – das war die Fülle, die Spannung, die Stauung der Kräfte. Wir dürsteten nach Blitz und Taten, wir blieben am fernsten vom Glück der Schwächlinge, von der „Ergebung" ... Ein Gewitter war in unsrer Luft, die Natur, die wir sind, verfinsterte sich – *denn wir hatten keinen Weg.* Formel unsres Glücks: ein Ja, ein Nein, eine gerade Linie, ein *Ziel* ...

10

Unter Deutschen versteht man sofort, wenn ich sage, daß die Philosophie durch Theologenblut verderbt ist. Der protestantische Pfarrer ist Großvater der deutschen Philosophie, der Protestantismus selbst ihr peccatum originale. Definition des Protestantismus: die halbseitige Lähmung des Christentums – *und* der Vernunft ... Man hat nur das Wort „Tübinger Stift" auszusprechen, um zu begreifen, *was* die deutsche Philosophie im Grunde ist – eine *hinterlistige* Theologie ... Die Schwaben sind die besten Lügner in Deutschland, sie lügen unschuldig ... Woher das Frohlocken, das beim Auftreten *Kants* durch die deutsche Gelehrtenwelt ging, die zu drei Viertel aus Pfarrer- und Lehrersöhnen besteht – woher die deutsche Überzeugung, die auch heute noch ihr Echo findet, daß mit Kant eine Wendung zum *Besseren* beginne? Der Theologeninstinkt im deutschen Gelehrten erriet, was nunmehr wieder möglich war ... Ein Schleichweg zum alten Ideal stand offen, der Begriff „*wahre* Welt", der Begriff der Moral als *Essenz* der Welt (– diese zwei bösartigsten Irrtümer, die es gibt!) waren jetzt wieder, dank einer verschmitzt-klugen Skepsis, wenn nicht beweisbar, so doch nicht mehr *widerlegbar* ... Die Vernunft, das *Recht* der Vernunft reicht nicht so weit ... Man hatte aus der Realität eine „Scheinbarkeit" gemacht; man hatte eine vollkommen *erlogne* Welt, die des Seienden, zur Realität gemacht ... Der Erfolg Kants ist bloß ein Theologenerfolg: Kant war, gleich Luther, gleich Leibniz, ein Hemmschuh mehr in der an sich nicht taktfesten deutschen Rechtschaffenheit ––

35

[30] Dieser „frohe Botschafter" starb, wie er lebte, wie er *lehrte* – *nicht* um „die Menschen zu erlösen", sondern um zu zeigen, wie man zu leben hat. Die *Praktik* ist es, welche er der Menschheit hinterließ: sein Verhalten vor den Richtern, vor den Häschern, vor den Anklägern und aller Art Verleumdung und Hohn – sein Verhalten am *Kreuz.* Er widersteht nicht, er verteidigt nicht sein Recht, er tut keinen Schritt, der das Äußerste von ihm abwehrt, mehr noch, *er fordert es heraus* ... Und er bittet, er leidet, er liebt *mit* denen, *in* denen, die ihm Böses tun. Die Worte zum *Schächer* am Kreuz enthalten das ganze Evangelium. „Das ist wahrlich ein *göttlicher* Mensch gewesen, ein Kind Gottes!" – sagt der Schächer. „Wenn du dies fühlst" – antwortet der Erlöser – *„so bist du im Paradiese,* so bist du ein Kind Gottes." *Nicht* sich wehren, *nicht* zürnen, *nicht* verantwortlich-machen ... Sondern auch nicht dem Bösen widerstehen – ihn *lieben* ...

36

[31] – Erst wir, wir *freigewordenen* Geister, haben die Voraussetzung dafür, etwas zu verstehn, das neunzehn Jahrhunderte mißverstanden haben – jene Instinkt und Leidenschaft gewordene Rechtschaffenheit, welche der „heiligen Lüge" noch mehr als jeder andern Lüge den Krieg macht ... Man war unsäglich entfernt von unsrer liebevollen und vorsichtigen Neutralität, von jener Zucht des Geistes, mit der allein das Erraten so fremder, so zarter Dinge ermöglicht wird: man wollte jederzeit, mit einer unverschämten Selbstsucht, nur *seinen* Vorteil darin, man hat aus dem Gegensatz zum Evangelium die *Kirche* aufgebaut ...

Wer nach Zeichen dafür suchte, daß hinter dem großen Welten-Spiel eine ironische Göttlichkeit die Finger handhabe, er fände keinen kleinen Anhalt in dem *ungeheuren Fragezeichen,* das Christentum heißt. Daß die Menschheit vor dem Gegensatz dessen auf den Knien liegt, was der Ursprung, der Sinn, das *Recht* des Evangeliums war, daß sie in dem Begriff „Kirche" gerade das heilig gesprochen hat, was der „frohe Botschafter" als *unter* sich, als *hinter* sich empfand – man sucht vergebens nach einer größeren Form *welthistorischer Ironie* ––

39

[32] – Ich kehre zurück, ich erzähle die *echte* Geschichte des Christentums. – Das Wort schon „Christentum" ist ein Mißverständnis –, im Grunde gab es nur einen Christen, und der starb am

Kreuz. Das „Evangelium" *starb* am Kreuz. Was von diesem Augenblick an „Evangelium" heißt, war bereits der Gegensatz dessen, was *er* gelebt: eine „*schlimme* Botschaft", ein *Dysangelium*. Es ist falsch bis zum Unsinn, wenn man in einem „Glauben", etwa im Glauben an die Erlösung durch Christus das Abzeichen des Christen sieht: bloß die christliche *Praktik*, ein Leben so wie der, der am Kreuze starb, es *lebte*, ist christlich ... Heute noch ist ein *solches* Leben möglich, für *gewisse* Menschen sogar notwendig: das echte, das ursprüngliche Christentum wird zu allen Zeiten möglich sein ... *Nicht* ein Glauben, sondern ein Tun, ein Vieles-*nicht*-tun vor allem, ein andres *Sein* ... Bewußtseins-Zustände, irgendein Glauben, ein Für-wahr-halten zum Beispiel – jeder Psycholog weiß das – sind ja vollkommen gleichgültig und fünften Ranges gegen den Wert der Instinkte: strenger geredet, der ganze Begriff geistiger Ursächlichkeit ist falsch. Das Christ-sein, die Christlichkeit auf ein Für-wahr-halten, auf eine bloße Bewußtseins-Phänomenalität reduzieren heißt, die Christlichkeit negieren. *In der Tat gab es gar keine Christen.* Der „Christ", das, was seit zwei Jahrtausenden Christ heißt, ist bloß ein psychologisches Selbst-Mißverständnis. Genauer zugesehn, herrschten in ihm, *trotz* allem „Glauben", bloß die Instinkte – und *was für Instinkte!* – Der „Glaube" war zu allen Zeiten, beispielsweise bei Luther, nur ein Mantel, ein Vorwand, ein *Vorhang*, hinter dem die Instinkte ihr Spiel spielten –, eine kluge *Blindheit* über die Herrschaft *gewisser* Instinkte ... Der „Glaube" – ich nannte ihn schon die eigentliche christliche *Klugheit*, – man sprach immer vom „Glauben", man tat immer nur vom Instinkte ... In der Vorstellungs-Welt des Christen kommt Nichts vor, was die Wirklichkeit auch nur anrührte: dagegen erkannten wir im Instinkt-Haß *gegen* jede Wirklichkeit das treibende, das einzig treibende Element in der Wurzel des Christentums. Was folgt daraus? Daß auch in psychologicis hier der Irrtum radikal, das heißt wesen-bestimmend, das heißt *Substanz* ist. *Ein* Begriff hier weg, eine einzige Realität an dessen Stelle – und das ganze Christentum rollt ins Nichts! – Aus der Höhe gesehn, bleibt diese fremdartigste aller Tatsachen, eine durch Irrtümer nicht nur bedingte, sondern *nur* in schädlichen, *nur* in leben- und herzvergiftenden Irrtümer erfinderische und selbst geniale Religion ein *Schauspiel für Götter*, – für jene Gottheiten, welche zugleich Philosophen sind, und denen ich zum Beispiel bei jenen berühmten Zwiegesprächen auf Naxos begegnet bin. Im Augenblick, wo der *Ekel* von ihnen weicht (– *und* von uns!), werden sie dankbar für das Schauspiel des Christen: das erbärmliche kleine Gestirn, das Erde heißt, verdient vielleicht allein um *dieses* kuriosen Falls willen einen göttlichen Blick, eine göttliche Anteilnahme ... Unterschätzen wir nämlich den Christen nicht: der Christ, falsch *bis zur Unschuld,* ist weit über dem Affen, – in Hinsicht auf Christen wird eine bekannte Herkunfts-Theorie zur bloßen Artigkeit ...

40

[33] – Das Verhängnis des Evangeliums entschied sich mit dem Tode – es hing am „Kreuz" ... Erst der Tod, dieser unerwartete, schmähliche Tod, erst das Kreuz, das im allgemeinen bloß für die canaille aufgespart blieb – erst diese schauerlichste Paradoxie brachte die Jünger vor das eigentliche Rätsel: *„Wer war das? was war das?"* – Das erschütterte und im tiefsten beleidigte Gefühl, der Argwohn, es möchte ein solcher Tod die *Widerlegung* ihrer Sache sein, das schreckliche Fragezeichen „warum gerade so?" – dieser Zustand begreift sich nur zu gut. Hier *mußte* alles notwendig sein, Sinn, Vernunft, höchste Vernunft haben; die Liebe eines Jüngers kennt keinen Zufall. Erst jetzt trat die Kluft auseinander: „Wer hat ihn getötet? wer war sein natürlicher Feind?" – diese Frage sprang wie ein Blitz hervor. Antwort: das *herrschende* Judentum, sein oberster Stand. Man empfand sich von diesem Augenblick im Aufruhr *gegen* die Ordnung, man verstand hinterdrein Jesus als *im Aufruhr gegen die Ordnung.* Bis dahin *fehlte* dieser kriegerische, dieser Nein-sagende, Nein-tuende Zug in seinem Bilde; mehr noch, er war dessen Widerspruch. Offenbar hat die kleine Gemeinde gerade die Hauptsache *nicht* verstanden, das Vorbildliche in dieser Art, zu sterben, die Freiheit, die Überlegenheit *über* jedes Gefühl von ressentiment: – ein Zeichen dafür, wie wenig überhaupt sie von ihm verstand! An sich konnte Jesus mit seinem Tode nichts wollen, als öffentlich die stärkste Probe, den *Beweis* seiner Lehre zu geben ... Aber seine Jünger waren ferne davon, diesen Tod zu *verzeihen* – was evangelisch im höchsten Sinne gewesen wäre; oder gar sich zu einem gleichen Tode in sanfter und lieblicher Ruhe des Herzens *anzubieten* ... Gerade das am meisten unevangelische Gefühl, die *Rache,* kam wieder obenauf. Unmöglich konnte die Sache mit diesem Tode zu Ende sein: man brauchte „Vergeltung", „Gericht" (– und doch, was kann noch unevangelischer sein, als „Vergeltung", „Strafe", „Gericht-Halten"!). Noch einmal kam die populäre Erwartung eines Messias in den Vordergrund; ein historischer Augenblick wurde ins Auge gefaßt: das „Reich Gottes" kommt zum Gericht über seine Feinde ... Aber

damit ist alles mißverstanden: das „Reich Gottes" als Schlußakt, als Verheißung! Das Evangelium war doch gerade das Dasein, das Erfülltsein, die *Wirklichkeit* dieses „Reichs" gewesen. Gerade ein solcher Tod *war* eben dieses „Reich Gottes" ... Jetzt erst trug man die ganze Verachtung und Bitterkeit gegen Pharisäer und Theologen in den Typus des Meisters ein – man *machte* damit aus ihm einen Pharisäer und Theologen! Andrerseits hielt die wildgewordene Verehrung dieser ganz aus den Fugen geratenen Seelen jene evangelische Gleichberechtigung von jedermann zum Kind Gottes, die Jesus gelehrt hatte, nicht mehr aus: ihre Rache war, auf eine ausschweifende Weise Jesus *emporzuheben,* von sich abzulösen: ganz so, wie ehedem die Juden aus Rache an ihren Feinden ihren Gott von sich losgetrennt und in die Höhe gehoben haben. Der Eine Gott und der Eine Sohn Gottes: beides Erzeugnisse des ressentiment ...

42

[34] Man sieht, *was* mit dem Tode am Kreuz zu Ende war: ein neuer, ein durchaus ursprünglicher Ansatz zu einer buddhistischen Friedensbewegung, zu einem tatsächlichen, *nicht* bloß verheißenen *Glück auf Erden.* Denn dies bleibt – ich hob es schon hervor – der Grundunterschied zwischen den beiden décadence-Religionen: der Buddhismus verspricht nicht, sondern hält, das Christentum verspricht alles, aber *hält nichts.* – Der „frohen Botschaft" folgte auf dem Fuß die *allerschlimmste:* die des Paulus. In Paulus verkörpert sich der Gegensatz-Typus zum „frohen Botschafter", das Genie im Haß, in der Vision des Hasses, in der unerbittlichen Logik des Hasses. *Was* hat dieser Dysangelist alles dem Hasse zum Opfer gebracht! Vor allem den Erlöser: er schlug ihn an *sein* Kreuz. Das Leben, das Beispiel, die Lehre, der Tod, der Sinn und das Recht des ganzen Evangeliums – nichts war mehr vorhanden, als dieser Falschmünzer aus Haß begriff, was allein er brauchen konnte. *Nicht* die Realität, *nicht* die historische Wahrheit ... Und noch einmal verübte der Priesterinstinkt des Juden das gleiche, große Verbrechen an der Historie – er strich das Gestern, das Vorgestern des Christentums einfach durch, er *erfand sich eine Geschichte des ersten Christentums.* Mehr noch: er fälschte die Geschichte Israels nochmals um, um als Vorgeschichte für *seine* Tat zu erscheinen: alle Propheten haben von *seinem* „Erlöser" geredet ... Die Kirche fälschte später sogar die Geschichte der Menschheit zur Vorgeschichte des Christentums ... Der Typus des Erlösers, die Lehre, die Praktik, der Tod, der Sinn des Todes,

selbst das Nachher des Todes – nichts blieb unangetastet, nichts blieb auch nur ähnlich der Wirklichkeit. Paulus verlegte einfach das Schwergewicht jenes ganzen Daseins *hinter* dies Dasein – in die *Lüge* vom „wiederauferstandenen" Jesus. Er konnte im Grunde das Leben des Erlösers überhaupt nicht brauchen – er hatte den Tod am Kreuz nötig *und* etwas mehr noch ... Einen Paulus, der seine Heimat an dem Hauptsitz der stoischen Aufklärung hatte, für ehrlich halten, wenn er sich aus einer Halluzination den *Beweis* vom Noch-Leben des Erlösers zurecht macht, oder auch nur seiner Erzählung, *daß* er diese Halluzination gehabt hat, Glauben schenken, wäre eine wahre niaiserie seitens eines Psychologen: Paulus wollte den Zweck, *folglich* wollte er auch die Mittel ... Was er selbst nicht glaubte, die Idioten, unter die er *seine* Lehre warf, glaubten es. – *Sein* Bedürfnis war die *Macht;* mit Paulus wollte nochmals der Priester zur Macht – er konnte nur Begriffe, Lehren, Symbole brauchen, mit denen man Massen tyrannisiert, Herden bildet. *Was* allein entlehnte später Muhamed dem Christentum? Die Erfindung des Paulus, sein Mittel zur Priestertyrannei, zur Herdenbildung: den Unsterblichkeitsglauben – *das heißt die Lehre vom „Gericht"* ...

61

[35] Hier tut es not, eine für Deutsche noch hundertmal peinlichere Erinnerung zu berühren. Die Deutschen haben Europa um die letzte große Kulturernte gebracht, die es für Europa heimzubringen gab – um die der *Renaissance.* Versteht man endlich, *will* man verstehen, *was* die Renaissance war? Die *Umwertung der christlichen Werte,* der Versuch, mit allen Mitteln, mit allen Instinkten, mit allem Genie unternommen, die *Gegen*werte, die *vornehmen* Werte zum Sieg zu bringen ... Es gab bisher nur *diesen* großen Krieg, es gab bisher keine entscheidendere Fragestellung als die der Renaissance – *meine* Frage ist ihre Frage –: es gab auch nie eine grundsätzlichere, eine geradere, eine strenger in ganzer Front und auf das Zentrum los geführte Form des *Angriffs!* An der entscheidenden Stelle, im Sitz des Christentums selbst angreifen, hier die *vornehmen* Werte auf den Thron bringen, will sagen in die Instinkte, in die untersten Bedürfnisse und Begierden der daselbst Sitzenden *hinein*bringen ... Ich sehe eine *Möglichkeit* vor mir von einem vollkommenen überirdischen Zauber und Farbenreiz: – es scheint mir, daß sie in allen Schaudern raffinierter Schönheit erglänzt, daß eine Kunst in ihr am Werke ist, so göttlich, so teufelsmäßig göttlich, daß man Jahrtausende umsonst

nach einer zweiten solchen Möglichkeit durchsucht; ich sehe ein Schauspiel, so sinnreich, so wunderbar paradox zugleich, daß alle Gottheiten des Olymps einen Anlaß zu einem unsterblichen Gelächter gehabt hätten – *Cesare Borgia als Papst* ...

Versteht man mich? ... Wohlan, *das* wäre der Sieg gewesen, nach dem *ich* heute allein verlange –: damit war das Christentum *abgeschafft!* – Was geschah? Ein deutscher Mönch, Luther, kam nach Rom. Dieser Mönch, mit allen rachsüchtigen Instinkten eines verunglückten Priesters im Leibe, empörte sich in Rom *gegen* die Renaissance ... Statt mit tiefster Dankbarkeit das Ungeheure zu verstehn, das geschehen war, die Überwindung des Christentums an seinem *Sitz* – verstand sein Haß aus diesem Schauspiel nur seine Nahrung zu ziehn. Ein religiöser Mensch denkt nur an sich. – Luther sah die *Verderbnis* des Papsttums, während gerade das Gegenteil mit Händen zu greifen war: die alte Verderbnis, das peccatum originale, das Christentum saß *nicht* mehr auf dem Stuhl des Papstes! Sondern das Leben! Sondern der Triumph des Lebens! Sondern das große Ja zu allen hohen, schönen, verwegenen Dingen! ... Und Luther *stellte die Kirche wieder her:* er griff sie an ... Die Renaissance – ein Ereignis ohne Sinn, ein ewiges *Umsonst.* – Ah, diese Deutschen, was sie uns schon gekostet haben! Umsonst – das war immer das *Werk* der Deutschen. – Die Reformation; Leibniz; Kant und die sogenannte deutsche Philosophie; die „Freiheits"kriege; das Reich – jedesmal ein Umsonst für etwas, das bereits da war, für etwas *Unwiederbringliches* ... Es sind *meine* Feinde, ich bekenne es, diese Deutschen: ich verachte in ihnen jede Art von Begriffs- und Wertunsauberkeit, von *Feigheit* vor jedem rechtschaffnen Ja und Nein. Sie haben, seit einem Jahrtausend beinahe, alles verfilzt und verwirrt, woran sie mit ihren Fingern rührten, sie haben alle Halbheiten – Dreiachtelsheiten! – auf dem Gewissen, an denen Europa krank ist – sie haben auch die unsauberste Art Christentum, die es gibt, die unheilbarste, die unwiderlegbarste, den Protestantismus auf dem Gewissen ... Wenn man nicht fertig wird mit dem Christentum, die *Deutschen* werden daran schuld sein ...

62

[36] – Hiermit bin ich am Schluß und spreche mein Urteil. Ich *verurteile* das Christentum, ich erhebe gegen die christliche Kirche die furchtbarste aller Anklagen, die je ein Ankläger in den Mund genommen hat. Sie ist mir die höchste aller denkbaren Korruptionen, sie hat den Willen zur letzten auch nur möglichen Korrup-

tion gehabt. Die christliche Kirche ließ nichts mit ihrer Verderbnis unberührt, sie hat aus jedem Wert einen Unwert, aus jeder Wahrheit eine Lüge, aus jeder Rechtschaffenheit eine Seelen-Niedertracht gemacht. Man wage es noch, mir von ihren „humanitären" Segnungen zu reden! Irgendeinen Notstand *abschaffen* ging wider ihre tiefste Nützlichkeit, sie lebte von Notständen, sie *schuf* Notstände, um *sich* zu verewigen ... Der Wurm der Sünde zum Beispiel: mit diesem Notstande hat erst die Kirche die Menschheit bereichert! – Die „Gleichheit der Seelen vor Gott", diese Falschheit, dieser *Vorwand* für die rancunes aller Niedriggesinnten, dieser Sprengstoff von Begriff, der endlich Revolution, moderne Idee und Niedergangsprinzip der ganzen Gesellschaftsordnung geworden ist – ist *christlicher* Dynamit ... „Humanitäre" Segnungen des Christentums! Aus der humanitas einen Selbstwiderspruch, eine Kunst der Selbstschändung, einen Willen zur Lüge um jeden Preis, einen Widerwillen, eine Verachtung aller guten und rechtschaffnen Instinkte herauszuzüchten! Das wären mir Segnungen des Christentums! – Der Parasitismus als *einzige* Praxis der Kirche: mit ihrem Bleichsuchts-, ihrem „Heiligkeits"-Ideale jedes Blut, jede Liebe, jede Hoffnung zum Leben austrinkend; das Jenseits als Wille zur Verneinung jeder Realität; das Kreuz als Erkennungszeichen für die unterirdischste Verschwörung, die es je gegeben hat – gegen Gesundheit, Schönheit, Wohlgeratenheit, Tapferkeit, Geist, *Güte* der Seele, *gegen das Leben selbst* ...

Diese ewige Anklage des Christentums will ich an alle Wände schreiben, wo es nur Wände gibt – ich habe Buchstaben, um auch Blinde sehend zu machen ... Ich heiße das Christentum den einen großen Fluch, die eine große innerlichste Verdorbenheit, den einen großen Instinkt der Rache, dem kein Mittel giftig, heimlich, unterirdisch, *klein* genug ist – ich heiße es den einen unsterblichen Schandfleck der Menschheit ...

Und man rechnet die Zeit nach dem dies nefastus, mit dem dies Verhängnis anhob – nach dem *ersten* Tag des Christentums! – *Warum nicht lieber nach seinem letzten? – Nach heute?* – Umwertung aller Werte! ...

Aus:
„Ecce Homo"

Wie man wird, was man ist

Vorwort

1

[37] In Voraussicht, daß ich über kurzem mit der schwersten Forderung an die Menschheit herantreten muß, die je an sie gestellt wurde, scheint es mir unerläßlich, zu sagen, *wer ich bin.* Im Grunde dürfte man's wissen: denn ich habe mich nicht „unbezeugt gelassen". Das Mißverhältnis aber zwischen der Größe meiner Aufgabe und der *Kleinheit* meiner Zeitgenossen ist darin zum Ausdruck gekommen, daß man mich weder gehört, noch auch nur gesehn hat. Ich lebe auf meinen eignen Kredit hin, es ist vielleicht bloß ein Vorurteil, daß ich lebe? ... Ich brauche nur irgendeinen „Gebildeten" zu sprechen, der im Sommer ins Ober-Engadin kommt, um mich zu überzeugen, daß ich *nicht* lebe ... Unter diesen Umständen gibt es eine Pflicht, gegen die im Grunde meine Gewohnheit, noch mehr der Stolz meiner Instinkte revoltiert, nämlich zu sagen: *Hört mich! denn ich bin der und der. Verwechselt mich vor allem nicht!*

2

Ich bin zum Beispiel durchaus kein Popanz, kein Moralungeheuer – ich bin sogar eine Gegensatznatur zu der Art Mensch, die man bisher als tugendhaft verehrt hat. Unter uns, es scheint mir, daß gerade das zu meinem Stolz gehört. Ich bin ein Jünger des Philosophen Dionysos, ich zöge *vor,* eher noch ein Satyr zu sein, als ein Heiliger. Aber man lese nur diese Schrift. Vielleicht gelang es mir, vielleicht hatte diese Schrift gar keinen andren Sinn, als diesen Gegensatz in einer heitren und menschenfreundlichen Weise zum Ausdruck zu bringen. Das letzte, *was ich* versprechen würde, wäre, die Menschheit zu „verbessern". Von mir werden keine neuen Götzen aufgerichtet; die alten mögen lernen, was es mit tönernen Beinen auf sich hat. *Götzen* (mein Wort für „Ideale") *umwerfen* – das gehört schon eher zu meinen Handwerk. Man hat die Realität in dem Grade um ihren Wert, ihren Sinn, ihre Wahrhaftigkeit gebracht, als man eine ideale Welt *erlog* ... Die „wahre Welt" und die „scheinbare Welt" – auf deutsch: die *erlogne* Welt und die Realität ... Die Lüge des Ideals war bisher der Fluch über die Realität, die Menschheit selbst ist durch sie bis in ihre untersten Instinkte hinein verlogen und falsch geworden – bis zur Anbetung der *umgekehrten* Werte, als die sind, mit denen ihr erst das Gedeihen, die Zukunft, das hohe *Recht* auf Zukunft verbürgt wäre.

3

– Wer die Luft meiner Schriften zu atmen weiß, weiß, daß es eine Luft der Höhe ist, eine *starke* Luft. Man muß für sie geschaffen sein, sonst ist die Gefahr keine kleine, sich in ihr zu erkälten. Das Eis ist nahe, die Einsamkeit ist ungeheuer – aber wie ruhig alle Dinge im Licht liegen! wie frei man atmet! wieviel man *unter* sich fühlt! – Philosophie, wie ich sie bisher verstanden und gelebt habe, ist das freiwillige Leben in Eis und Hochgebirge – das Aufsuchen alles Fremden und Fragwürdigen im Dasein, alles dessen, was durch die Moral bisher in Bann getan war. Aus einer langen Erfahrung, welche eine solche Wanderung *im Verbotenen* gab, lernte ich die Ursachen, aus denen bisher moralisiert und idealisiert wurde, sehr anders ansehn, als es erwünscht sein mag: die *verborgene* Geschichte der Philosophen, die Psychologie ihrer großen Namen kam für mich ans Licht. – Wieviel Wahrheit *erträgt*, wieviel Wahrheit *wagt* ein Geist? das wurde für mich immer mehr der eigentliche Wertmesser. Irrtum (– der Glaube ans Ideal –) ist nicht Blindheit, Irrtum ist *Feigheit* ... Jede Errungenschaft, jeder Schritt vorwärts in der Erkenntnis *folgt* aus dem Mut, aus der Härte gegen sich, aus der Sauberkeit gegen sich ... Ich widerlege die Ideale nicht, ich ziehe bloß Handschuhe vor ihnen an ... Nitimur in *vetitum:* in diesem Zeichen siegt einmal meine Philosophie, denn man verbot bisher grundsätzlich immer nur die Wahrheit. –

4

– Innerhalb meiner Schriften steht für sich mein *Zarathustra.* Ich habe mit ihm der Menschheit das größte Geschenk gemacht, das ihr bisher gemacht worden ist. Dies Buch, mit einer Stimme über Jahrtausende hinweg, ist nicht nur das höchste Buch, das es gibt, das eigentliche Höhenluft-Buch – die ganze Tatsache Mensch liegt in ungeheurer Ferne *unter* ihm –, es ist auch das *tiefste,* das aus dem innersten Reichtum der Wahrheit heraus geborene, ein unerschöpflicher Brunnen, in den kein Eimer hinabsteigt, ohne mit Gold und Güte gefüllt heraufzukommen. Hier redet kein „Prophet", keiner jener schauerlichen Zwitter von Krankheit und Willen zur Macht, die man Religionsstifter nennt. Man muß vor allem den Ton, der aus diesem Munde kommt, diesen halkyonischen Ton richtig *hören,* um dem Sinn seiner Weisheit nicht erbarmungswürdig unrecht zu tun. „Die stillsten Worte sind es, welche den Sturm bringen, Gedanken, die mit Taubenfüßen kommen, lenken die Welt –."[...]

An diesem vollkommnen Tage, wo alles reift und nicht nur die Traube braun wird, fiel mir eben ein Sonnenblick auf mein Leben: ich sah rückwärts, ich sah hinaus, ich sah nie so viel und so gute Dinge auf einmal. Nicht umsonst begrub ich heute mein vierundvierzigstes Jahr, ich *durfte* es begraben, – was in ihm Leben war, ist gerettet, ist unsterblich. Das erste Buch der *Umwertung aller Werte, die Lieder Zarathustras,* die Götzen-Dämmerung, mein Versuch, mit dem Hammer zu philosophieren – alles Geschenke dieses Jahrs, sogar seines letzten Vierteljahrs! *Wie sollte ich nicht meinem ganzen Leben dankbar sein?* – Und so erzähle ich mir mein Leben.

Warum ich so gute Bücher schreibe: Also sprach Zarathustra

2

Um diesen Typus zu verstehn, muß man sich zuerst seine physiologische Voraussetzung klarmachen: sie ist das, was ich die *große Gesundheit* nenne. Ich weiß diesen Begriff nicht besser, nicht *persönlicher* zu erläutern, als ich es schon getan habe, in einem der Schlußabschnitte des fünften Buchs der „gaya scienza". „Wir Neuen, Namenlosen, Schlechtverständlichen" – heißt es daselbst –, „wir Frühgeburten einer noch unbewiesenen Zukunft, wir bedürfen zu einem neuen Zwecke auch eines neuen Mittels, nämlich einer neuen Gesundheit, einer stärkeren, gewitzteren, zäheren, verwegneren, lustigeren, als alle Gesundheiten bisher waren. Wessen Seele darnach dürstet, den ganzen Umfang der bisherigen Werte und Wünschbarkeiten erlebt und alle Küsten dieses idealischen ‚Mittelmeers' umschifft zu haben, wer aus den Abenteuern der eigensten Erfahrung wissen will, wie es einem Eroberer und Entdecker des Ideals zumute ist, insgleichen einem Künstler, einem Heiligen, einem Gesetzgeber, einem Weisen, einem Gelehrten, einem Frommen, einem Göttlich-Abseitigen alten Stils: der hat dazu zu allererst eins nötig, die *große Gesundheit* – eine solche, welche man nicht nur hat, sondern auch beständig noch erwirbt und erwerben muß, weil man sie immer wieder preisgibt, preisgeben muß ... Und nun, nachdem wir lange dergestalt unterwegs waren, wir Argonauten des Ideals, mutiger vielleicht, als klug ist, und oft genug schiffbrüchig und zu Schaden gekommen, aber, wie gesagt, gesünder, als man es uns erlauben möchte, gefährlich gesund, immer wieder gesund – will es uns scheinen, als ob wir, zum Lohn dafür, ein noch unentdecktes Land vor uns haben, dessen Grenzen noch niemand abgesehn hat, ein Jenseits aller bisherigen Länder und Winkel des Ideals, eine Welt so überreich an Schönem, Fremdem, Fragwürdigem, Furchtbarem und Göttlichem, daß unsre Neugierde sowohl als unser Besitzdurst außer sich geraten sind – ach, daß wir nunmehr durch nichts mehr zu ersättigen sind! ... Wie könnten wir uns, nach solchen Ausblicken und mit einem solchen Heißhunger in Wissen und Gewissen, noch am *gegenwärtigen Menschen* genügen lassen? Schlimm genug, aber es ist unvermeidlich, daß wir seinen würdigsten Zielen und Hoffnungen nur mit einem übel aufrechterhaltenen Ernste zusehn [...] ... Ein andres Ideal läuft vor uns her, ein wunderliches, versucherisches, gefahrenreiches Ideal, zu dem wir niemanden überreden möchten, weil wir niemandem so leicht *das Recht darauf* zugestehn: das Ideal eines Geistes, der naiv, das heißt ungewollt und aus überströmender Fülle und Mächtigkeit mit allem spielt, was bisher heilig, gut, unberührbar, göttlich hieß, für den das Höchste, woran das Volk billigerweise sein Wertmaß hat, bereits so viel wie Gefahr, Verfall, Erniedrigung oder, mindestens, wie Erholung, Blindheit, zeitweiliges Selbstvergessen bedeuten würde; das Ideal eines menschlich-übermenschlichen Wohlseins und Wohlwollens, welches oft genug *unmenschlich* erscheinen wird, zum Beispiel, wenn es sich neben den ganzen bisherigen Erdenernst, neben alle bisherige Feierlichkeit in Gebärde, Wort, Klang, Blick, Moral und Aufgabe wie deren leibhafteste unfreiwillige Parodie hinstellt – und mit dem, trotz alledem, vielleicht *der große Ernst* erst anhebt, das eigentliche Fragezeichen erst gesetzt wird, das Schicksal der Seele sich wendet, der Zeiger rückt, die Tragödie beginnt ..."

3

[38] – Hat jemand, Ende des neunzehnten Jahrhunderts, einen deutlichen Begriff davon, was Dichter starker Zeitalter *Inspiration* nannten? Im andren Falle will ich's beschreiben. – Mit dem geringsten Rest von Aberglauben in sich würde man in der Tat die Vorstellung, bloß Inkarnation, bloß Mundstück, bloß Medium übermächtiger Gewalten zu sein, kaum abzuweisen wissen. Der Begriff Offenbarung, in dem Sinn, daß plötzlich, mit unsäglicher Sicherheit und Feinheit, etwas *sichtbar*, hörbar wird, etwas, das ei-

nen im tiefsten erschüttert und umwirft, beschreibt einfach den Tatbestand. Man hört, man sucht nicht; man nimmt, man fragt nicht, wer da gibt; wie ein Blitz leuchtet ein Gedanke auf, mit Notwendigkeit, in der Form ohne Zögern, – ich habe nie eine Wahl gehabt. Eine Entzückung, deren ungeheure Spannung sich mitunter in einen Tränenstrom auslöst, bei der der Schritt unwillkürlich bald stürmt, bald langsam wird; ein vollkommnes Außer-sich-Sein mit dem distinktesten Bewußtsein einer Unzahl seiner Schauder und Überrieselungen bis in die Fußzehen; eine Glückstiefe, in der das Schmerzlichste und Düsterste nicht als Gegensatz wirkt, sondern als bedingt, als herausgefordert, als eine *notwendige* Farbe innerhalb eines solchen Lichtüberflusses; ein Instinkt rhythmischer Verhältnisse, der weite Räume von Formen überspannt – die Länge, das Bedürfnis nach einem *weitgespannten* Rhythmus ist beinahe das Maß für die Gewalt der Inspiration, eine Art Ausgleich gegen deren Druck und Spannung ... Alles geschieht im höchsten Grade unfreiwillig, aber wie in einem Sturme von Freiheits-Gefühl, von Unbedingtsein, von Macht, von Göttlichkeit ... Die Unfreiwilligkeit des Bildes, des Gleichnisses ist das Merkwürdigste; man hat keinen Begriff mehr, was Bild, was Gleichnis ist, alles bietet sich als der nächste, der richtigste, der einfachste Ausdruck. Es scheint wirklich, um an ein Wort Zarathustras zu erinnern, als ob die Dinge selber herankämen und sich zum Gleichnis anböten (– „hier kommen alle Dinge liebkosend zu deiner Rede und schmeicheln dir: denn sie wollen auf deinem Rücken reiten. Auf jedem Gleichnis reitest du hier zu jeder Wahrheit. Hier springen dir alles Seins Worte und Wort-Schreine auf; alles Sein will hier Wort werden, alles Werden will von dir reden lernen –“). Dies ist *meine* Erfahrung von Inspiration; ich zweifle nicht, daß man Jahrtausende zurückgehn muß, um jemanden zu finden, der mir sagen darf „es ist auch die meine“. –

4

[39] Ich lag ein paar Wochen hinterdrein in Genua krank. Dann folgte ein schwermütiger Frühling in Rom, wo ich das Leben hinnahm – es war nicht leicht. Im Grunde verdroß mich dieser für den Dichter des Zarathustra unanständigste Ort der Erde, den ich nicht freiwillig gewählt hatte, über die Maßen; ich versuchte loszukommen, – ich wollte nach *Aquila,* dem Gegenbegriff von Rom, aus Feindschaft gegen Rom gegründet, wie ich einen Ort dereinst gründen werde, die Erinnerung an einen Atheisten und Kirchenfeind comme il faut, an einen meiner Nächstverwandten, den gro-

ßen Hohenstaufen Kaiser Friedrich den Zweiten. Aber es war ein Verhängnis bei dem allen: ich mußte wieder zurück. Zuletzt gab ich mich mit der piazza Barberini zufrieden, nachdem mich meine Mühe um eine *antichristliche* Gegend müde gemacht hatte. Ich fürchte, ich habe einmal, um schlechten Gerüchen möglichst aus dem Wege zu gehn, im palazzo del Quirinale selbst nachgefragt, ob man nicht ein stilles Zimmer für einen Philosophen habe. – Auf einer loggia hoch über der genannten piazza, von der aus man Rom übersieht und tief unten die fontana rauschen hört, wurde jenes einsamste Lied gedichtet, das je gedichtet worden ist, das *Nachtlied;* um diese Zeit ging immer eine Melodie von unsäglicher Schwermut um mich herum, deren Refrain ich in den Worten wiederfand „tot vor Unsterblichkeit ...". Im Sommer, heimgekehrt zur heiligen Stelle, wo der erste Blitz des Zarathustra-Gedankens mir geleuchtet hatte, fand ich den zweiten Zarathustra. Zehn Tage genügten; ich habe in keinem Falle, weder beim ersten, noch beim dritten und letzten mehr gebraucht. Im Winter darauf, unter dem halkyonischen Himmel Nizzas, der damals zum ersten Male in mein Leben hineinglänzte, fand ich den dritten Zarathustra – und war fertig. Kaum ein Jahr, fürs Ganze gerechnet. Viele verborgne Flecke und Höhen aus der Landschaft Nizzas sind mir durch unvergeßliche Augenblicke geweiht; jene entscheidende Partie, welche den Titel „Von alten und neuen Tafeln" trägt, wurde im beschwerlichsten Aufsteigen von der Station zu dem wunderbaren maurischen Felsenneste Eza gedichtet, – die Muskel-Behendheit war bei mir immer am größten, wenn die schöpferische Kraft am reichsten floß. Der *Leib* ist begeistert: lassen wir die „Seele" aus dem Spiele [...]

Warum ich ein Schicksal bin

8

[40] – Hat man mich verstanden? – Ich habe eben kein Wort gesagt, das ich nicht schon vor fünf Jahren durch den Mund Zarathustras gesagt hätte. – Die *Entdeckung* der christlichen Moral ist ein Ereignis, das nicht seinesgleichen hat, eine wirkliche Katastrophe. Wer über sie aufklärt, ist eine force majeure, ein Schicksal, – er bricht die Geschichte der Menschheit in zwei Stücke. Man lebt *vor* ihm, man lebt *nach* ihm ... Der Blitz der Wahrheit traf gerade das, was bisher am höchsten stand: wer begreift, *was* da vernichtet wurde, mag zusehn, ob er überhaupt noch etwas in den Händen

hat. Alles, was bisher „Wahrheit" hieß, ist als die schädlichste, tückischste, unterirdischste Form der Lüge erkannt; der heilige Vorwand, die Menschheit zu „verbessern", als die List, das Leben selbst *auszusaugen,* blutarm zu machen. Moral als *Vampirimus* ... Wer die Moral entdeckt, hat den Unwert aller Werte mit entdeckt, an die man glaubt oder geglaubt hat; er sieht in den verehrtesten, in den selbst *heilig* gesprochnen Typen des Menschen nichts Ehrwürdiges mehr, er sieht die verhängnisvollste Art von Mißgeburten darin, verhängnisvoll, *weil sie faszinierten* ... Der Begriff „Gott" erfunden als Gegensatz-Begriff zum Leben, – in ihm alles Schädliche, Vergiftende, Verleumderische, die ganze Todfeindschaft gegen das Leben in eine entsetzliche Einheit gebracht! Der Begriff „Jenseits", „wahre Welt" erfunden, um die *einzige* Welt zu entwerten, die es gibt, – um kein Ziel, keine Vernunft, keine Aufgabe für unsre Erden-Realität übrigzubehalten! Der Begriff „Seele", „Geist", zuletzt gar noch „unsterbliche Seele", erfunden, um den Leib zu verachten, um ihn krank – „heilig" – zu machen, um allen Dingen, die Ernst im Leben verdienen, den Fragen von Nahrung, Wohnung, geistiger Diät, Krankenbehandlung, Reinlichkeit, Wetter, einen schauerlichen Leichtsinn entgegenzubringen! Statt der Gesundheit das „Heil der Seele" – will sagen eine folie circulaire zwischen Bußkrampf und Erlösungs-Hysterie! Der Begriff „Sündc" erfunden samt dem zugehörigen Folter-Instrument, dem Begriff „freier Wille", um die Instinktc zu verwirren, um das Mißtrauen gegen die Instinkte zur zweiten Natur zu machen! Im Begriff des „Selbstlosen", des „Sich-selbst-Verleugnenden" das eigentliche décadence-Abzeichen, das *Gelockt*werden vom Schädlichen, das Seinen-Nutzen-nicht-mehr-finden-*Können,* die Selbst-Zerstörung zum Wertzeichen überhaupt gemacht, zur „Pflicht", zur „Heiligkeit", zum „Göttlichen" im Menschen! Endlich – es ist das Furchbarste – im Begriff des *guten* Menschen die Partei alles Schwachen, Kranken, Mißratenen, An-sich-selber-Leidenden genommen, alles dessen, *was zugrunde gehn soll* – das Gesetz der *Selektion* gekreuzt, ein Ideal aus dem Widerspruch gegen den stolzen und wohlgeratenen, gegen den jasagenden, gegen den zukunftsgewissen, zukunftverbürgenden Menschen gemacht – dieser heißt nunmehr *der Böse* ... Und das alles wurde geglaubt *als Moral! – Ecrasez l'infâme!* ––

9

– Hat man mich verstanden? – *Dionysos gegen den Gekreuzigten* ...

[41] Die Menschen haben Gott geschaffen, es ist kein Zweifel: sollten wir deshalb nicht an ihn glauben? Er hat den Glauben so nötig zum Leben: seien wir doch barmherzig!

> GOTT
> Wir haben ihn mehr geliebt als
> uns und ihm nicht nur unsern „einge-
> borenen Sohn" zum Opfer
> gebracht.
> Ihr macht es euch zu leicht, ihr Gott-
> losen! Gut, es mag so
> sein, wie ihr sagt: die Menschen
> haben Gott geschaffen – ist dies
> ein Grund, sich nicht mehr um
> ihn zu kümmern? [...]

[42] Ihr nennt es die Selbstzersetzung Gottes: es ist aber nur seine Häutung: – er zieht seine moralische Haut aus! Und ihr sollt ihn bald wiedersehen, jenseits von Gut und Böse.

[43] All die Schönheit und Erhabenheit, die wir den wirklichen und eingebildeten Dingen geliehen haben, will ich zurückfordern als Eigentum und Erzeugnis des Menschen: als seine schönste Apologie.

[44] Was ich erzähle, ist die Geschichte der nächsten zwei Jahrhunderte. Ich beschreibe, was kommt, was nicht mehr anders kommen kann: *die Heraufkunft des Nihilismus.* Diese Geschichte kann jetzt schon erzählt werden: denn die Notwendigkeit selbst ist hier am Werke. Diese Zukunft redet schon in hundert Zeichen, dieses Schicksal kündigt überall sich an; für diese Musik der Zukunft sind alle Ohren bereits gespitzt. Unsre ganze europäische Kultur bewegt sich seit langem schon mit einer Tortur der Spannung, die von Jahrzehnt zu Jahrzehnt wächst, wie auf eine Katastrophe los: unruhig, gewaltsam, überstürzt: einem Strom ähnlich, der ans *Ende* will, der sich nicht mehr besinnt, der Furcht davor hat, sich zu besinnen.

– Der hier das Wort nimmt, hat umgekehrt nichts bisher getan als *sich zu besinnen:* als ein Philosoph und Einsiedler aus Instinkt, der seinen Vorteil im Abseits, im Außerhalb, in der Geduld, in der Verzögerung, in der Zurückgebliebenheit fand; als ein Wage- und Versucher-Geist, der sich schon in jedes Labyrinth der Zukunft einmal verirrt hat; als ein Wahrsagevogel-Geist, der *zurückblickt,* wenn er erzählt, was kommen wird; als der erste vollkommene Nihilist Europas, der aber den Nihilismus selbst schon in sich zu Ende gelebt hat, – der ihn hinter sich, unter sich, außer sich hat.

Denn man vergreife sich nicht über den Sinn des Titels, mit dem dies Zukunfts-Evangelium benannt sein will. *„Der Wille zur Macht.* Versuch einer Umwertung aller Werte" – mit dieser Formel ist eine *Gegenbewegung* zum Ausdruck gebracht, in Absicht auf Prinzip und Aufgabe; eine Bewegung, welche in irgendeiner Zukunft jenen vollkommenen Nihilismus ablösen wird; welche ihn aber *voraussetzt,* logisch und psychologisch; welche schlechterdings nur *auf ihn und aus ihm* kommen kann. Denn warum ist die Heraufkunft des Nihilismus nunmehr *notwendig?* Weil unsre bisherigen Werte selbst es sind, die in ihm ihre letzte Folgerung ziehn; weil der Nihilismus die zu Ende gedachte Logik unsrer großen Werte und Ideale ist, – weil wir den Nihilismus erst erleben müssen, um dahinterzukommen, was eigentlich der Wert dieser „Werte" war ... Wir haben, irgendwann, *neue Werte* nötig ...

[45] Und wißt ihr auch, was mir „die Welt" ist? Soll ich sie euch in meinem Spiegel zeigen? Diese Welt: ein Ungeheur von Kraft, ohne Anfang, ohne Ende, eine feste, eherne Größe von Kraft, welche nicht größer, nicht kleiner wird, die sich nicht verbraucht, sondern nur verwandelt, als Ganzes unveränderlich groß, ein Haushalt ohne Ausgaben und Einbußen, aber ebenso ohne Zuwachs, ohne Einnahmen, vom „Nichts" umschlossen als von seiner Grenze, nichts Verschwimmendes, Verschwendetes, nichts Unendlich-Ausgedehntes, sondern als bestimmte Kraft einem bestimmten Raum eingelegt, und nicht einem Raume, der irgendwo „leer" wäre, vielmehr als Kraft überall, als Spiel von Kräften und Kraftwellen zugleich Eins und Vieles, hier sich häufend und zugleich dort sich mindernd, ein Meer in sich selber stürmender und flutender Kräfte, ewig sich wandelnd, ewig zurücklaufend, mit ungeheuren Jahren der Wiederkehr, mit einer Ebbe und Flut seiner Gestaltungen, aus den einfachsten in die vielfältigsten hinaustreibend, aus dem Stillsten, Starrsten, Kältesten hinaus in das Glühendste, Wildeste, Sich-selber-Widersprechendste, und dann wieder aus der Fülle heimkehrend zum Einfachen, aus dem Spiel der Widersprüche zurück bis zur Lust des Einklangs, sich selber

bejahend noch in dieser Gleichheit seiner Bahnen und Jahre, sich selber segnend als das, was ewig wiederkommen muß, als ein Werden, das kein Sattwerden, keinen Überdruß, keine Müdigkeit kennt –: diese meine *dionysische* Welt des Ewig-sich-selber-Schaffens, des Ewig-sich-selber-Zerstörens, diese Geheimnis-Welt der doppelten Wollüste, dies mein „Jenseits von Gut und Böse", ohne Ziel, wenn nicht im Glück des Kreises ein Ziel liegt, ohne Willen, wenn nicht ein Ring zu sich selber guten Willen hat – wollt ihr einen *Namen* für diese Welt? Eine *Lösung* für alle ihre Rätsel? Ein *Licht* auch für euch, ihr Verborgensten, Stärksten, Unerschrokkensten, Mitternächtlichsten? – *Diese Welt ist der Wille zur Macht – und nichts außerdem!* Und auch ihr selber seid dieser Wille zur Macht – und nichts außerdem!

Zur Geschichte des Gottesbegriffs

I

Ein Volk, das noch an sich selbst glaubt, hat auch seinen Gott noch. In ihm verehrt es die Bedingungen, durch die es obenauf ist, – es projiziert seine Lust an sich, sein Machtgefühl in ein Wesen, dem man dafür *danken* kann. Religion, innerhalb solcher Voraussetzungen, ist eine Form der Dankbarkeit. Ein solcher Gott muß nutzen und schaden können, muß Freund und Feind sein können: die widernatürliche Kastration eines Gottes zu einem Gott *des Guten* kommt diesen starken Realisten nicht in den Sinn. Was liegt an einem Volke, das nicht furchtbar sein kann? Was liegt an einem Gotte, der nicht Zorn, Rache, Neid, Gewalttat und vielleicht nicht einmal die gefährlichen ardeurs der Zerstörung kennt? – Wenn ein Volk zu Grunde geht; wenn es den Glauben an seine Zukunft, an Freiheit und Übermacht schwinden fühlt; wenn ihm die Unterwerfung als erste Nützlichkeit, die Tugenden der Unterworfenen als Erhaltungsbedingungen ins Bewußtsein treten: dann freilich ändert sich auch sein Gott. Er wird Duckmäuser, furchtsam, bescheiden, rät zum „Frieden der Seele", zum Nicht-mehr-hassen, zur Nachsicht, zur Liebe selbst gegen Freund und Feind. Er kriecht in die Höhle der Privattugend zurück, wird der Gott der kleinen Leute, – er stellt nicht mehr die aggressive und machtdurstige Seele eines Volkes, seinen *Willen zur Macht* dar ...

3

Wie kann man, mit der Einfalt des geistreichen Renan, die Fortentwicklung des Gottesbegriffs vom Gott Israels zum Inbegriffs-Gott alles Guten einen *Fortschritt* nennen! Als ob Renan ein Recht auf Einfalt hätte! ... Das Gegenteil liegt ja auf der Hand. Wenn die Voraussetzungen eines starken aufblühenden Lebens aus dem Gottesbegriffe eliminiert werden, wenn er Schritt für Schritt zum Symbol der Hilfe für alles Müde, Erschöpfte, bloß noch Vegetierende wird, wenn er Sünder-Gott, Kranken-Gott, Heiland, Erlöser per excellence wird: wovon zeugt das alles? – Freilich, sein Reich ist größer geworden (– müßte er selbst damit schon größer geworden sein? ...) Ehedem hatte er nur sein Volk, seine „Auserwählten": jedes Volk hält sich auf seiner Höhe für auserwählt. Inzwischen ging er auf die Wanderschaft und saß nirgendwo mehr still, – bis er endlich zum Kosmopoliten wurde und die „große Zahl" auf seine Seite bekam. Aber der Gott der „großen Zahl" bleibt nichtsdestoweniger ein Winkelgott, der Gott aller kranken Ecken, aller ungesunden Quartiere der ganzen Welt ... Sein Weltreich ist ein Unterwelt-Reich, ein Souterrain verborgnen Elends ... Und er selbst ist so schwach, so krank! ... Beweis: selbst die Schwächsten der Schwachen, die Metaphysiker und Scholastiker werden über ihn noch Herr, – sie spinnen um ihn herum, in ihn hinein, bis er ihr Abbild, eine Spinne wird. Nunmehr spinnt er die Welt aus sich heraus, nunmehr wird er zum ewigen Metaphysikus, nunmehr wird er „Geist" „purer Geist" [...]

[46] Wenn ich dem Christentum den Krieg mache, so steht mir dies einzig deshalb zu, weil ich nie von dieser Seite aus Trübes oder Trauriges erlebt habe, – umgekehrt die schätzenswertesten Menschen, die ich kenne, sind Christen ohne Falsch gewesen, ich trage es den einzelnen am letzten nach, was das Verhängnis von Jahrtausenden ist. Meine Vorfahren selbst waren protestantische Geistliche: hätte ich nicht einen hohen und reinlichen Sinn von ihnen her mitbekommen, so wüßte ich nicht, woher mein Recht zum Kriege mit dem Christentum stammte. Meine Formel dafür: der Antichrist ist selbst die notwendige Logik in der Entwicklung eines echten Christen, in mir überwindet sich das Christentum selbst [...]

Aus den Wahnsinnsbotschaften

An Peter Gast

31. Dezember 1888

[47]– Sie haben tausendmal recht! Warnen Sie selbst Fuchs ... Sie werden in Ecce homo eine ungeheure Seite über den Tristan finden, überhaupt über mein Verhältnis zu Wagner. Wagner ist durchaus der erste Name, der in E. h. vorkommt. – Dort, wo ich über nichts Zweifel lasse, habe ich auch hierüber den Mut zum Äußersten gehabt.

– Ah, Freund! *welcher* Augenblick! – Als Ihre Karte kam, *was* tat ich da ... Es war der berühmte Rubicon ...

– Meine Adresse weiß ich nicht mehr: nehmen wir an, daß sie zunächst der Palazzo del Quirinale sein dürfte. N.

An August Strindberg

[Dezember-Januar 1888]

Lieber Herr!

Sie werden die Antwort auf Ihre Novelle in Kürze zu hören bekommen – sie klingt wie ein Flintenschuß. Ich habe einen Fürstentag nach Rom zusammenbefohlen, ich will den jungen Kaiser füsilieren lassen.

Auf Wiedersehen! Denn wir werden uns wiedersehen.

Une seule condition: Divorçons ...

Nietzsche Cäsar

An Georg Brandes

4. Januar 1889

[48] Dem Freunde Georg! Nachdem Du mich entdeckt hast, war es kein Kunststück, mich zu finden: die Schwierigkeit ist jetzt die, mich zu verlieren ... Der Gekreuzigte

An Peter Gast

4. Januar 1889

[49] Meinem maëstro Pietro.

Singe mir ein neues Lied: Die Welt ist verklärt und alle Himmel freuen sich. Der Gekreuzigte

An Jacob Burckhardt

4. Januar 1889

[50] Meinem verehrungswürdigen Jacob Burckhardt. Das war der kleine Scherz, dessentwegen ich mir die Langeweile, eine Welt geschaffen zu haben, nachsehe. Nun sind Sie – bist Du – unser großer größter Lehrer: denn ich, zusammen mit Ariadne, habe nur das goldene Gleichgewicht aller Dinge zu sein, wir haben in jedem Stück solche, die über uns sind ... Dionysos

An König Umberto I

Januar 1889

[51] Meinem geliebten Sohn Umberto[!]

Mein Friede sei mit dir! Ich komme am Dienstag nach Rom und will dich neben seiner Heiligkeit dem Papst sehn. Der Gekreuzigte

DU HAST GERUFEN

[52] Du hast gerufen:
Herr, ich eile
Und weile
An deines Thrones Stufen.
Von Lieb entglommen
Strahlt mir so herzlich
Schmerzlich
Dein Blick ins Herz ein:
Herr, ich komme.

Ich war verloren,
Taumeltrunken.
Versunken.
Zur Höll' und Qual erkoren.
Du standst von ferne:
Dein Blick unsäglich
Beweglich
Traf mich so oft:
Nun komm' ich gerne ...

DEM UNBEKANNTEN GOTT

[53] Noch einmal, eh ich weiter ziehe
und meine Blicke vorwärts sende,
heb' ich vereinsamt meine Hände
zu dir empor, zu dem ich fliehe,
dem ich in tiefster Herzenstiefe
Altäre feierlich geweiht,
daß allezeit
mich deine Stimme wieder riefe.

Darauf erglüht tief eingeschrieben
das Wort: dem unbekannten Gotte.
Sein bin ich, ob ich in der Frevler Rotte
auch bis zur Stunde bin geblieben:
sein bin ich – und ich fühl' die Schlingen,

die mich im Kampf darniederziehn
und, mag ich fliehn,
mich doch zu seinem Dienste zwingen.

Ich will dich kennen, Unbekannter,
du tief in meine Seele Greifender,
mein Leben wie ein Sturm Durchschweifender,
du Unfaßbarer, mir Verwandter!
Ich will dich kennen, selbst dir dienen.

Aus den Dionysos-Dithyramben

KLAGE DER ARIADNE

[54] Wer wärmt mich, wer liebt mich noch?
Gebt heiße Hände!
Gebt Herzens-Kohlenbecken!
Hingestreckt, schaudernd,
Halbtotem gleich, dem man die Füße wärmt –
Geschüttelt, ach! von unbekannten Fiebern,
Zitternd vor spitzen, eisigen Frostpfeilen,
Von dir gejagt, Gedanke!
Unnennbarer! Verhüllter! Entsetzlicher!
Du Jäger hinter Wolken!
Darniedergeblitzt von dir,
Du hönisch Auge, das mich aus Dunklem anblickt – so liege ich,

Biege mich, winde mich, gequält
Von allen ewigen Martern,
Getroffen
Von dir, grausamer Jäger,
Du unbekannter – Gott! [...]

Umsonst! Stich weiter,
Grausamer Stachel! Nein,
Kein Hund – dein Wild nur bin ich,
Grausamer Jäger!
Dein stolzester Gefangner,
Du Räuber hinter Wolken!
Sprich endlich!
Was willst du Wegelagerer, von mir?
Du Blitz-Verhüllter! Unbekannter! Sprich.
Was *willst* du, unbekannter – Gott?

Wie? Lösegeld?
Was willst du Lösegelds!
Verlange viel – das rät mein Stolz!
Und rede kurz – das rät mein andrer Stolz!

Haha!
Mich – willst du? Mich?

Mich – ganz? …
Haha!
Und marterst mich, Narr, der du bist,
Zermarterst meinen Stolz?
Gib *Liebe* mir – wer wärmt mich noch?
Wer liebt mich noch? – gib heiße Hände,
Gib Herzens-Kohlenbecken,
Gib mir, dem Einsamsten,
Den Eis, ach! siebenfaches Eis
Nach Feinden selber,
Nach Feinden schmachten lehrt,
Gib, ja ergib,
Grausamster Feind,
Mir – *dich!* ––

Davon!
Da floh er selber,
Mein letzter einziger Genoß,
Mein großer Feind,
Mein Unbekannter,
Mein Henker-Gott! –

– Nein! Komm zurück,
Mit allen deinen Martern!
Zum letzten aller Einsamen
O komm zurück!
All meine Tränenbäche laufen
Zur dir den Lauf!
Und meine letzte Herzensflamme –
Dir glüht sie auf!
O komm zurück,
Mein unbekannter Gott! Mein Schmerz! Mein letztes – Glück!

DAS FEUERZEICHEN

[55] Hier, wo zwischen Meeren die Insel wuchs,
ein Opferstein jäh hinaufgetürmt,
hier zündet sich unter schwarzem Himmel
Zarathustra seine Höhenfeuer an –
Feuerzeichen für verschlagne Schiffer,
Fragezeichen für solche, die Antwort haben …

Diese Flamme mit weißgrauem Bauche
– in kalte Fernen züngelt ihre Gier,
nach immer reineren Höhn biegt sie den Hals –
eine Schlange gerad aufgerichtet vor Ungeduld:
dieses Zeichen stellte ich vor mich hin.

Meine Seele selber ist diese Flamme:
unersättlich nach neuen Fernen
lodert aufwärts, aufwärts ihre stille Glut.
Was floh Zarathustra vor Tier und Menschen?
Was entlief er jäh allem festen Lande?
Sechs Einsamkeiten kennt er schon –
aber das Meer selbst war nicht genug ihm einsam,
die Insel ließ ihn steigen, auf dem Berg wurde er zur Flamme,
nach einer *siebenten* Einsamkeit
wirft er suchend jetzt die Angel über sein Haupt.

Verschlagne Schiffer! Trümmer alter Sterne!
Ihr Meere der Zukunft! Unausgeforschte Himmel!
Nach allem Einsamen werfe ich jetzt die Angel:
gebt Antwort auf die Ungeduld der Flamme,
fangt mir, dem Fischer auf hohen Bergen,
meine siebente *letzte* Einsamkeit! – –

Aus dem Nachgesang zu „Jenseits von Gut und Böse“

[56] O Lebens Mittag! Zweite Jugendzeit!
O Sommergarten!
Unruhig Glück im Stehn und Spähn und Warten!
Der Freunde harr' ich, Tag und Nacht bereit,
Der *neuen* Freunde! Kommt! 's ist Zeit! 's ist Zeit!

Dies Lied ist aus – der Sehnsucht süßer Schrei
Erstarb im Munde:
Ein Zaubrer tat's, der Freund zur rechten Stunde,
Der Mittagsfreund – nein! fragt nicht, wer es sei –
Um Mittag war's, da wurde eins zu zwei ...

Nun feiern wir, vereinten Siegs gewiß,
Das Fest der Feste:
Freund *Zarathustra* kam, der Gast der Gäste!
Nun lacht die Welt, der grause Vorhang riß,
Die Hochzeit kam für Licht und Finsternis ...

SILS-MARIA

Hier saß ich, wartend, wartend, – doch auf nichts,
Jenseits von Gut und Böse, bald des Lichts
Genießend, bald des Schattens, ganz nur Spiel,
Ganz See, ganz Mittag, ganz Zeit ohne Ziel.

Da, plötzlich, Freundin! wurde Eins zu Zwei –
– Und Zarathustra ging an mir vorbei ...

NACH NEUEN MEEREN

Dorthin – *will* ich; und ich traue
Mir fortan und meinem Griff.
Offen liegt das Meer, ins Blaue
Treibt mein Genueser Schiff.

Alles glänzt mir neu und neuer,
Mittag schläft auf Raum und Zeit –:
Nur *dein* Auge – ungeheuer
Blickt mich's an, Unendlichkeit!

VEREINSAMT

Die Krähen schrei'n
und ziehen schwirren Flugs zur Stadt:
bald wird es schnei'n, –
wohl dem, der jetzt noch – Heimat hat!

Nun stehst du starr,
schaust rückwärts, ach! wie lange schon!
Was bist du Narr
vor Winters in die Welt entflohn?

Die Welt – ein Tor
zu tausend Wüsten stumm und kalt!
Wer das verlor,
was du verlorst, macht nirgends Halt.

Nun stehst du bleich,
zur Winter-Wanderschaft verflucht,
dem Rauche gleich,
der stets nach kältern Himmeln sucht.

Flieg, Vogel, schnarr
dein Lied im Wüstenvogel-Ton! –
Versteck, du Narr,
dein blutend Herz in Eis und Hohn!

Die Krähen schrei'n
und ziehen schwirren Flugs zur Stadt:
bald wird es schnei'n, –
weh dem, der keine Heimat hat!

Eugen Biser

Glaube nur!

Gott verstehen lernen

Die Wissensfanatiker der Neuzeit haben es speziell im Bereich ihrer so modernen philosophisch-theologischen Überlegungen zu einer „Gott-ist-tot-Theologie“ gebracht und damit jeglichen religiösen Glauben disqualifiziert. Nicht wenige der Christen, die einer sterilen, also nicht mehr lebendigen Tradition verhaftet waren und sind, ließen sich durch manche sehr „gescheiten“ inner- und außerkirchlichen Argumente von diesen „Wissenden“ in die Zone ungläubiger Resignation, in die Szene der „Gottesfinsternis“, manövrieren. Ihnen besonders, aber auch allen gläubig Sinn-Suchenden bietet Eugen Biser, der Nachfolger Guardinis auf dem Lehrstuhl für christliche Weltanschauung und Religionsphilosophie in München, mit seinem Taschenbuch einen Kompaß für einen Versuch „Gott verstehen zu lernen“, sich von Gott ansprechen zu lassen, also eigentlich für einen Versuch mit dem Glauben. Das kleine Buch ist ein zuverlässiger Wegweiser aus den Sackgassen moderner Glaubensschwierigkeiten.

Deutsches Ärzteblatt

Weitere Veröffentlichungen von Eugen Biser

Gottsucher oder Antichrist?

Nietzsches provokative Kritik des Christentums
Otto Müller-Verlag, Salzburg (1982)

Der Zeuge

Eine Paulus-Befragung
Styria-Verlag, Graz (1981)

Der schwere Weg der Gottesfrage

Patmos-Verlag, Düsseldorf (1982)

Religiöse Sprachbarrieren

Aufbau einer Logaporetik
Kösel-Verlag, München (1980)

Überredung zur Liebe

Die dichterische Daseinsdeutung Gertrud von le Forts
Pustet-Verlag, Regensburg (1980)